Maximisez votre mental

JIM REES

Maximisez votre mental

Trouvez votre bien-être mental
et exploitez votre potentiel

97-B, Montée des Bouleaux, Saint-Constant, PQ,
Canada J5A 1A9, Tél. : (450) 638-3338 Téléc. : (450) 638-4338
Internet : http ://www.broquet.qc.ca
Courriel : info@broquet.qc.ca

UN LIVRE DE DORLING KINDERSLEY
WWW.DK.COM

Catalogage avant publication de Bibliothèque
et Archives Canada

Rees, Jim, 1963-

Maximisez votre mental

(Collection Vie professionnelle et personnelle)
Traduction de: Maximise your mind power.
Comprend un index.

ISBN 978-2-89000-906-6

1. Efficience (Psychologie). 2. Gestion de soi. I. Titre.
II. Collection.

BF431.R4314 2007   153.4   C2007-941379-X

Pour l'aide à la réalisation de son programme éditorial, l'éditeur remercie :
Le Gouvernement du Canada par l'entremise du Programme d'Aide
au développement de l'industrie de l'édition (PADIÉ) ; La Société de
développement des entreprises culllturelles (SODEC); L'association pour
l'exportation du livre Canadien (AELC).
Le Gouvernement du Québec - Programme de crédit d'impôt pour
l'édition de livres - Gestion SODEC.

Produit pour Dorling Kindersley
par **terry jeavons&company**

Titre original : Maximise your mind power
Copyright © 2007 Dorling Kindersley Limited
Copyright © 2007 Jim Rees pour le texte

Traduction et adaptation : Olivier Engler

Pour le Québec :
Copyright © Ottawa 2007 Broquet Inc.
Dépôt légal - Bibliothèque nationale du Québec
3e trimestre 2007

ISBN : 978-2-89000-906-6

Sommaire

Introduction

Peut-on vivre toute sa vie assoupi ? Ou ne fait-on que courir dans l'urgence au point de ne plus avoir le temps de découvrir sa vraie nature et ses désirs ? Ces deux images vous interpellent-elles ?

Ce livre vous propose d'explorer le fonctionnement de votre intellect afin de vous aider à comprendre d'où proviennent vos croyances et vos comportements. En vous proposant de mieux prendre conscience de votre mode de pensée et d'apprentissage, les exercices du livre vous permettront de décupler la puissance de votre mental, de rester zen même sous pression et d'exploiter la puissance de votre esprit lorsque vous en avez besoin. Vous pourrez appliquer les conseils immédiatement dans votre vie privée ou professionnelle pour tirer profit sur-le-champ de votre nouveau potentiel. Vous remarquerez alors que ce qui vous faisait perdre le contrôle dans le passé n'a plus de prise sur vous. C'est parce que vous avez appris à contrôler votre mental au lieu de le laisser vous contrôler.

> **Pour rencontrer le succès, il faut savoir comment le chercher**

Le Chapitre 2 présente une technique en trois étapes utilisable dans n'importe quelle situation. Elle vou aidera à y voir plus clair grâce à la prise de conscience, l'analyse de vos croyances en ce qui est possible et le maintien de votre engagement jusqu'à l'achèvement.

Ce livre s'appuie sur des lois universelles qu'il combine avec des éléments de philosophie occidentale et orientale pour constituer un guide permettant de réussir votre vie. Vous y trouverez certaines stratégies employées par de grands meneurs et penseurs passés et présents, sous forme de conseils faciles à suivre.

L'objectif premier du livre est de vous faire prendre conscience de votre potentiel. Il vous permettra d'aller plus loin et d'exister plus intensément, tant au niveau personnel que professionnel. Que vous cherchiez à être en forme, à perdre du poids, à arrêter de fumer, à obtenir une promotion, à mieux vous concentrer, à réagir de façon plus positive aux aléas de la vie ou à vous orienter, les formules et les stratégies proposées ici constitueront un cadre dans lequel vous allez pouvoir atteindre vos buts.

Evaluez vos compétences

Ce questionnaire va vous permettre d'évaluer la façon dont vous utilisez votre puissance intellectuelle. Pour en tirer pleinement avantage, répondez aux questions une première fois avant de lire le livre. Recommencez quand vous aurez terminé le livre et appliqué tous les exercices. Plus vous serez honnête, plus vous pourrez mesurer les progrès accomplis.

	Avant	Après

1 Quand les choses tournent mal, à quelle vitesse réussissez-vous à rebondir ? *B* ☐

A Je m'attends à ce que les choses aillent de travers et cela me met le moral à zéro.
B Je suis sonné sur le coup et il me faut au moins un jour pour récupérer.
C Je me relève vite et je cherche quelle leçon je peux tirer de cette expérience.

2 Quel niveau de responsabilité endossez-vous pour tout ce qui se passe actuellement dans votre vie ? *C* ☐

A Je pense que je n'ai pas vraiment de prise sur la qualité de mes relations, ma santé physique et mon bien-être.
B Je pense que la vie est une loterie et que certains sont mieux lotis que d'autres. Je fais ce que je peux.
C Je pense que la vie est ce qu'on veut en faire et je me sens responsable de tout.

3 Quelle image avez-vous de vous-même ? *B* ☐

A Je me sens souvent maladroit et je fais mal les choses par manque d'attention.
B Je suis une personne standard et je ne crois pas faire mieux ni moins bien que les autres.
C Je me sais unique et j'ai beaucoup à offrir.

4 Comment réagissez-vous quand vous rencontrez de nouvelles personnes au travail ou ailleurs ?

A J'essaie très vite de les juger.
B Je suis ouvert au départ et je les juge une fois que je les connais mieux.
C Je reconnais que nous sommes tous différents et j'apprécie les points de vue et les opinions de chacun.

5 Vous donnez-vous des buts dans la vie ?

A Je n'ai pas de buts clairement définis et je laisse la vie se dérouler.
B Je sais à peu près ce que je veux mais je n'ai pas planifié tous les détails.
C J'ai des buts clairs pour tous les aspects de mon existence.

6 Comment réagissez-vous au changement ?

A Je n'aime pas les changements et je préfère me cantonner à ce que je sais.
B Je me bats pour m'adapter en faisant de mon mieux.
C Je sais que le changement est la seule chose constante et je suis souple en tentant plusieurs manières de faire.

7 A quel point êtes-vous conscient de vous-même ?

A Je ne suis pas vraiment conscient de mon corps, ni de mes sentiments. Je fais rarement confiance à mes intuitions.
B Je ressens parfois le stress dans mon corps et il m'arrive de comprendre l'effet de mes sentiments sur moi.
C Je suis à l'écoute de mon corps et en contact avec mes sentiments afin de pouvoir les contrôler.

8 Avec d'autres personnes, comment détectez-vous leurs sentiments ?

A Je ne suis pas très doué pour lire les sentiments des autres.
B Je ne suis ni meilleur, ni moins bon que d'autres pour ressentir les changements subtils chez autrui.
C Je suis très conscient et sensible aux sentiments des autres et je détecte tout changement.

		Avant	Après

9 **Que faites-vous lorsque les choses tournent mal ?** [B] [ ]

A En général, je perds tout intérêt et je réduis
mes prétentions.
B Je cherche à savoir pourquoi cela ne marche pas et j'ai
du mal à me concentrer, mais j'arrive souvent à mes fins.
C Je me concentre sur ce qui marche et je n'abandonne
pas avant d'avoir totalement terminé.

10 **A quel rythme vivez-vous votre existence ?** [A-B] [ ]

A J'ai peu de temps pour moi, j'ai perdu contact avec
des amis et je passe trop peu de temps avec ma famille.
B J'essaie de rester en contact avec certains amis
et je consacre le temps restant à ma famille.
C Je m'assure de réserver du temps pour moi-même
et de maintenir un bon équilibre de relations avec
les amis et la famille.

11 **Savez-vous bien déléguer ?** [B] [ ]

A J'ai tendance à tout faire parce que je pense ne pouvoir
faire confiance qu'à moi-même et à mes capacités.
B Je délègue aux personnes qui ont prouvé qu'elles savaient
faire le travail avec le niveau de qualité que j'attends.
C Je pense que tant que je prodigue des conseils clairs
à quelqu'un, je peux lui faire confiance pour faire
un bon travail.

12 **Comment réagissez-vous sous pression ?** [B] [ ]

A Je sais que je n'ai pas beaucoup de contrôle sur
mes sentiments et ma façon de m'exprimer.
B Je garde le contrôle de mes sentiments mais j'ai
du mal à m'exprimer.
C Je contrôle totalement mes sentiments
et je m'exprime correctement.

Score final

	A	B	C
Avant	1	7	4
Après			

Analyse

Majorité de A

Vos réponses suggèrent que vous avez peu de contrôle sur ce qui survient dans votre vie. Vous n'êtes pas très expressif et avez des difficultés à comprendre les sentiments des autres. Une des solutions les plus radicales pour enrichir votre existence est de ralentir et d'apprécier tous ses bons côtés. Pour changer, lisez ce livre et pratiquez les exercices (ne vous contentez pas de les lire).

Majorité de B

Vous vous attendez à ce que les choses aillent mal, mais vous espérez qu'elles se termineront bien, ce qui vous donne l'occasion d'avoir quelques bonnes surprises. Vous avez une certaine conscience de vous-même et des autres. Votre planning vous déborde, mais vous pourriez faire bien plus de choses dans votre vie.

Majorité de C

Vous êtes très motivé et en harmonie avec vous-même et les autres. Vous vous sentez pleinement responsable de ce que vous pouvez contrôler et vous êtes bien organisé. Il vous suffit de vérifier que vous ne prenez pas trop de choses en charge au risque d'oublier ce qui importe pour vous. Vous ne risquez rien à affiner vos buts et vous assurer que vous êtes toujours sur la bonne voie.

Conclusion

S'il s'agit de votre premier passage par ce questionnaire, tenez compte de l'analyse pendant la lecture du livre. Intéressez-vous particulièrement au domaine que vos réponses ont mis en lumière et exploitez les conseils et les techniques pour réduire le nombre de réponses en A afin d'obtenir un score plus équilibré entre B et C. Refaites le questionnaire après avoir terminé le livre en répondant honnêtement pour pouvoir mesurer directement vos progrès dans les domaines qui le méritaient. Si vous appliquez bien les techniques, vous verrez une amélioration certaine. Sachez qu'il suffit d'un clin d'œil pour changer et que cette action a un double effet, d'abord dans votre esprit, puis dans la réalité. Le changement que vous espérez va résulter de votre concentration mentale, avec un délai allant parfois de trois à six mois jusqu'à la concrétisation. Pour vous sentir mieux dans votre corps, par exemple, c'est votre changement mental et l'entraînement fait quelques mois plus tôt qui porteront leurs fruits, non ce que vous avez pensé et fait la veille.

Explorez 1
votre mental

Pour mieux contrôler votre mental, vous devez
d'abord comprendre comment il fonctionne
et comment vous servir de votre mémoire.
Tout le monde peut développer son cerveau
pour en faire plus, gagner plus et "être plus".
Ce chapitre vous montre :

- Comment fonctionne l'esprit et comment
  accéder sans effort aux informations
- Comment analyser votre comportement,
  votre conditionnement, et gérer votre passé
- Comment reprogrammer votre intellect
  et comprendre les hémisphères gauche
  et droit
- Comment retrouver l'enfant en vous tout
  en faisant la différence entre comportement
  infantile et fraîcheur d'esprit

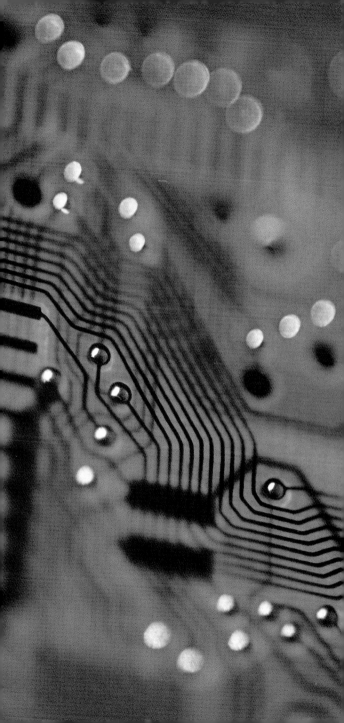

Comment fonctionne votre intellect

Votre cerveau est comme un contrôleur aérien qui reçoit des informations puis prend ses décisions en fonction de ce qu'il sait. Les nouvelles données sont stockées au fur et à mesure. Plus vous les réutilisez, mieux elles sont implantées.

Accédez à vos autoroutes de l'information

Plus les voies neuronales qui correspondent sont sollicitées, plus l'accès aux informations mémorisées devient facile. Lorsque vous commencez à relier des pensées, des connexions se font entre les neurones. C'est l'équivalent du réseau routier : l'autoroute transporte les informations les plus utilisées entre les grandes parties du cerveau alors que les chemins de traverse donnent accès aux informations moins usitées.

Votre cerveau travaille

Le corps et l'esprit sont en interaction permanente (heureusement). C'est le cerveau qui régule la respiration sans que nous y pensions, qui contrôle les battements du cœur et cherche une raison aux problèmes. Nos capacités mentales semblent infinies.

Vos autoroutes d'information
En favorisant les pensées positives, vous multipliez les connexions neuronales qui facilitent l'accès aux zones du cerveau.

Accentuez le côté positif

Vous devez avoir confiance en vous. Des modes de pensée paresseux, voire dommageables, deviennent vite des habitudes, au point d'affecter votre qualité de vie. Sachez les reconnaître.

→ **Refuser le côté positif.** "Je ne mérite pas de réussir."
→ **Accentuer le côté négatif.** "Je ne vais jamais surmonter cet obstacle et cela me poursuivra toute ma vie."
→ **Chercher l'autoflagellation.** "Si je n'atteins pas ce but, je n'en atteindrai aucun."
→ **Envisager le pire.** "Le plus petit désagrément va se transformer en désastre, comme d'habitude."
→ **Faire des vœux pieux.** "Ah, si les circonstances étaient différentes, tout se passerait bien."
→ **L'histoire se répète.** "Si cela s'est produit une fois, cela se reproduira, notamment si cela a mal tourné."

Notre cerveau peut réaliser des tâches complexes et stocker une quantité d'informations énorme :
• La partie consciente peut traiter jusqu'à 4 000 éléments de données à la fois.
• L'inconscient peut quant à lui gérer plus 400 milliards d'éléments par seconde.

Gardez l'esprit ouvert

C'est votre intellect qui conduit votre vie et il a le pouvoir de vous aider ou de vous gêner dans votre évolution vers une existence heureuse et remplie. Il est donc important de mettre en place des manières de penser permettant de conserver une approche saine et réaliste de la vie. Essayez toujours de trouver l'aspect positif dans n'importe quelle situation. Vous serez surpris de voir que vous pouvez réaliser des choses qui vous paraissaient impossibles car c'est souvent la peur de l'échec qui nous fait échouer ou nous freine.

Pensez sans faire d'effort

Vous pouvez constater la puissance de l'esprit en réalisant une tâche routinière mais complexe sans avoir à réfléchir. Par exemple, en multipliant deux nombres, vous vous servez de vos tables de multiplication stockées en mémoire. Cela se fait aisément, parce que, enfant, vous les avez apprises par coeur. Lors de votre premier voyage vers une destination qui est devenue habituelle, il vous a fallu regarder des cartes détaillées. Au bout de plusieurs séjours, vous êtes tout à fait capable de montrer le chemin à des amis qui viennent vous rendre visite, mais il vous faut réfléchir pour verbaliser ces connaissances.

Gérez la tension
Ce n'est pas la chance mais beaucoup d'entraînement qui permet de réussir un coup stratégique apparemment sans effort.

Etude de cas : s'entraîner pour être parfait

Lorsque son enfant a été scolarisé, Marie a pris un temps partiel comme vendeuse dans une boulangerie. La première fois qu'elle a dû calculer le prix de six croissants et rendre la monnaie, elle a mis du temps. Elle s'est alors demandé si elle y arriverait. A la fin de la première journée, après avoir servi plusieurs dizaines de clients, les choses étaient devenues plus faciles. En servant à chaque fois du calcul mental qu'elle avait appris à l'école, Marie a pu faire des calculs de plus en plus complexes.

• *Marie a vite compris que les calculs devenaient de plus en plus simples à force d'en faire.*
• *Elle a pris confiance en elle, ce qui lui a permis d'envisager un nouvel horizon. Elle a plus tard suivi une formation de comptable et a ouvert son propre cabinet.*

Ce qui ne sert pas se perd

Il nous arrive tous d'avoir un trou de mémoire un jour ou l'autre. Un peu plus tard, la chose oubliée nous revient en tête. Si vous avez du mal à vous souvenir de quelque chose, vous n'avez pas pour autant oublié. L'information est simplement devenue plus difficile à retrouver.
Une langue se perd si vous ne l'utilisez pas, tout comme vos capacités à jouer au tennis. Il suffit de fréquenter à nouveau un court ou de reprendre l'usage de la langue oubliée pour que les choses reviennent.

Apprendre à mémoriser

Apprenez à stocker les informations pour pouvoir les utiliser au besoin

Accédez souvent aux informations pour les garder disponibles

Souvenez-vous sans effort de vos connaissances en absorbant ce qui survient puis en l'utilisant souvent

Analysez vos comportements

Vous avez acquis les notions du bien et du mal à force d'expériences entre l'enfance et l'âge adulte. Vous savez comment vous voulez être considéré et comment vous voulez traiter les autres.

Cherchez à être juste

Un fameux conseil dit que vous devez traiter les autres comme vous aimeriez qu'ils vous traitent. Vous ne devez tenir compte d'aucune distinction individuelle en termes de race, de croyance, de religion, de sexe et d'âge. Il vous faut considérer les autres en comprenant comment ils s'attendent à être traités. Si vous restez campé sur la certitude que vous êtes dans

> **Le manque d'authenticité se voit dans les gestes**

Déterminez ce qui vous fait réagir

Vous comprendrez mieux ce qui vous fait réagir si vous parvenez à détecter comment et pourquoi vous vous comportez de telle ou telle manière. Etudiez la façon dont vous agissez avec vos amis, votre famille et vos collègues de travail.

→ Coordonnez vos pensées et vos sensations en vous assurant qu'elles correspondent à votre comportement. Le but est de voir les liens entre vos paroles et vos gestes et ce qu'exprime votre corps.

→ Vous savez que vous êtes authentique lorsque vous vous sentez à l'aise pour formuler le message parce que c'est votre vérité.

→ Vous savez que vous n'êtes pas authentique parce que vous vous sentez mal. Vous n'arrivez pas à maintenir votre regard et vos gestes sont plus nerveux.

Si vous vivez souvent des situations de conflit ou de déception, vous avez tout intérêt à analyser vos interactions pour comprendre les raisons de votre comportement et de vos sentiments. Prenez une feuille de papier et tracez un trait vertical pour obtenir deux colonnes. Dans la première colonne, notez ce que vous avez ressenti dans une situation particulière. Dans l'autre, notez ce que vous en avez pensé. Ne confondez pas les deux catégories et soyez le plus précis possible.

- En découvrant ce qui a déclenché la situation, vous pourrez mieux la contrôler la prochaine fois.
- Réfléchissez à ce que vous pensiez à ce moment-là et comparez avec ce que vous pensez maintenant
- Essayez de trouver le point de vue qui vous a rendu si négatif.
- Réfléchissez à ce que cela vous apprend sur vous-même et non à ce que cela a pu révéler aux autres à votre sujet.

la vérité, vous n'avez plus beaucoup de liberté pour concevoir le point de vue de l'autre. Sachez suspendre les jugements que vous avez forgés afin de reconnaître que les besoins des autres peuvent être différents.

En persévérant dans vos certitudes, même si les preuves vous montrent que vous faites fausse route, vous manquez des occasions d'apprendre. Vous pouvez refuser de voir la vérité parce qu'elle a été exprimée par un collègue auquel une rivalité vous oppose. Votre ressentiment envers lui vous empêche de donner le meilleur de vous-même. Savoir accepter la vérité et savoir pardonner à ceux qui vous ont blessé sont des qualités très puissantes qui vous permettront de mieux vivre le présent et d'exploiter vos points forts.

ASTUCE **Apprenez à pardonner pour éliminer tout ressentiment ou colère qui perturbent vos relations familiales, amicales ou professionnelles.**

> Ce qui nous sépare des autres et ce qui nous sépare du futur ne sont rien par rapport à ce qui nous sépare de nous-même.
>
> Ralph Waldo Emerson

Décelez vos réactions conditionnées

Depuis votre naissance, votre personnalité a été modelée par vos parents, vos professeurs, vos collègues, les médias et beaucoup d'autres influences qui ont toutes eu un rôle important. Demandez-vous comment vous êtes devenu ce que vous êtes. La réponse est simple : c'est votre éducation ou votre conditionnement. La plupart des enfants grandissent en pensant que leurs possibilités sont sans limites. Une fois qu'ils deviennent adultes, peu conservent une forte image et une grande estime d'eux-mêmes. Entre-temps, ils ont subi les effets négatifs des remarques blessantes comme "Tu es nul", "Tu te prends pour qui ?", "Tu as les yeux plus gros que le ventre", "Arrête ton cinéma", "Ne sois pas stupide". Nous finissons par être tellement persuadés que certaines choses sont impossibles que nous n'osons même plus faire ce que nous avions un jour cru possible. L'enjeu est de trouver la clé pour libérer notre confiance en nous-même.

N'utilisez pas votre passé comme excuse

Nombreux sont ceux qui se servent de leur passé pour s'excuser de répéter les mêmes comportements. Ils portent le fardeau de leur histoire tout au long de leur vie, et tout ce qu'ils tentent souffre de leurs expériences négatives.

- Utilisez-vous votre passé pour justifier où vous en êtes et le niveau actuel de votre existence ?
- Propagez-vous l'histoire de vos parents dans votre propre vie en vous en servant comme prétexte pour ne pas avoir plus de succès dans la vôtre ?

Les échecs passés n'entraînent pas les échecs futurs. Si vous ne saviez pas dessiner enfant, cela ne signifie pas que vous en serez incapable toute votre vie. Il en va ainsi pour tout talent que vous n'aviez pas quand vous étiez enfant.

Recyclez l'utile et jetez le reste

Vous n'êtes pas forcé de répéter vos comportements négatifs. Si vous songez sans cesse au côté désagréable de votre histoire et que vous portiez ce fardeau avec vous, vous vous interdisez de progresser dans la vie.

Plus longtemps vous continuerez à vous répéter les mêmes histoires, plus vous devrez attendre pour enfin bouger. Bien sûr, il ne s'agit pas d'oublier des pans entiers de votre mémoire. Mais apprenez à repérer celles de vos expériences qui vous empêchent d'avancer. Considérez-les seulement comme des expériences et prenez des résolutions positives pour envisager d'autres choix lorsque la prochaine occasion surviendra.

Apprenez du passé

Cherchez à apprendre quelque chose de nouveau de tout ce que vous faites

⬇

Revisitez votre passé en vous concentrant sur ce que vous avez appris

⬇

Utilisez cette connaissance pour éviter de refaire les mêmes erreurs

Programmez votre cerveau

Votre cerveau a d'immenses capacités de stockage d'informations qui vous permet de mémoriser une longue liste de numéros, de faire du calcul mental ou d'apprendre une langue étrangère ou un instrument de musique.

Profitez de votre pilote automatique

Lorsqu'une pensée entre dans votre conscience, elle est transférée dans votre subconscient pour archivage. La partie consciente exploite constamment le subconscient pour toutes les décisions que vous avez à prendre. En général, vous fonctionnez en pilote automatique et vous réalisez des choses complexes sans même y penser. Ainsi, vous pouvez conduire dans un dédale de rues sans problème, tout en ayant du mal à vous souvenir des détails du parcours. C'est parce que vous avez appris à conduire une automobile. Libre à vous d'exploiter le pouvoir de votre subconscient en développant d'autres compétences.

Puissance du mental De même qu'une araignée tisse sa toile sans effort, l'être humain dispose de capacités merveilleuses pour réaliser des tâches complexes sans même y réfléchir.

Le cerveau travaille comme un chef de gare : il reçoit des informations pour les ranger, il génère des jugements en fonction de ce que l'on croit être vrai, puis il prend des décisions. La théorie de neurosciences des deux hémisphères est très répandue.

➜ L'hémisphère gauche est analytique. Il se charge des faits concrets (mathématiques, logique, discipline, structuration, repérage dans le temps, abstraction et raisonnement déductif). Les gens qui privilégient l'hémisphère gauche ont tendance à apprendre progressivement en commençant par les détails pour se forger au final une image globale.

➜ L'hémisphère droit se consacre aux aspects moins directement évidents (émotions, sentiments, intuition, spontanéité, prise de risque, première impression, sensibilité, rêves éveillés et visualisation). Ceux privilégiant l'hémisphère droit commencent souvent par une vue globale puis plongent dans les détails.

Hémisphère gauche

PROFESSIONS

• Analyste • Banquier/comptable • Médecin • Juge • Avocat • Bibliothécaire • Mathématicien • Pilote • Scientifique • Courtier

POINTS FORTS/CENTRES D'INTÉRÊT

• Chiens • Lecture • Musique classique • Mots croisés/Sudoku • Logique • Conteur d'histoires • Projets bien structurés • Organisation • Rationalité

Hémisphère droit

PROFESSIONS

• Acteur • Artiste • Athlète • Esthéticienne • Coach • Musicien • Garde-forestier • Politicien • Commercial • Travailleur social • Organisateur de fêtes

POINTS FORTS/CENTRES D'INTÉRÊT

• Chats • Lecture détaillée • Musique rock • Résolution de problèmes par intuition • Art • Inventeur d'histoires • Sport • Travail en groupe • Activités multiples

Soyez comme un enfant

Lorsque vous étiez petit, vous avez sans doute cru tout possible. Le ciel était votre seule limite et vous n'aviez peur de rien. Un enfant est ouvert à tout et n'a pas de préjugés.

Ecoutez la voix de l'enfant en vous

Avez-vous arrêté d'être curieux ? En étant curieux, on pose davantage de questions et on reçoit d'avantage d'informations. Dans une réunion, si la direction que prend l'entreprise ne vous paraît pas claire, ou si vous ne comprenez pas comment un nouveau projet s'insère dans une stratégie, il suffit d'être curieux et de poser des questions jusqu'à ce que vous ayez compris.
De nombreux défauts typiques de la puérilité, comme la jalousie et le besoin d'attention, peuvent être corrigés en exploitant sa curiosité d'enfant. Demandez-vous quand, où, comment et pourquoi il est possible d'éliminer les sentiments d'exclusion et de frustration qui s'établissent souvent dans les relations au travail et ailleurs.

Faites taire la voix de la puérilité

Lorsque vous devez faire face à un obstacle dans la vie, vous pouvez être tenté d'adopter une réponse puérile : "Pourquoi moi ?" ou "C'est pas juste", ce qui ne fait que renforcer le problème et repousser la solution qui vous

Favorisez la fraîcheur de l'enfant

IMPACT FORT	IMPACT FAIBLE
• Créativité	• Recherche de l'attention
• Curiosité	• Désir d'être le plus fort
• Enthousiasme	• Jalousie
• Courage	• Rivalités
• Ouverture	• Entêtement
• Optimisme	• Boudeur
• Sens du jeu	• Capricieux

permettrait de rebondir.
Vous pouvez même finir
par vous retrouver
complètement cerné

Cherchez le côté positif
En profitant des qualités de l'enfant
comme la curiosité, vous vous ouvrez
à de nouvelles idées.

si le problème grandit, parfois au point de n'être plus du
tout surmontable. Chaque fois que vous vous surprenez
à réagir de façon puérile, posez-vous une question
d'enfant : "En quoi cela pourrait-il être bon ?"
Immédiatement, votre esprit va se concentrer sur le côté
positif de la situation et chercher les éléments constructifs
du défi, ce qui permettra de réfléchir à une solution.
A partir du moment où votre esprit reconnaît qu'une
solution existe, il va chercher les différentes options
possibles et les actions à réaliser.

> **La vie est faite pour être vécue. La curiosité doit rester
> permanente. Il ne faut pour aucune raison tourner le dos à la vie.**
> Eleanor Roosevelt

Synthèse : poser les fondations

Pour augmenter le pouvoir de son intellect, se sentir mieux,
réussir au travail, améliorer ses relations sociales et personnelles
ou une combinaison des trois, il faut d'abord comprendre
la manière dont fonctionne le cerveau, ce qui détermine
ses comportements, comment reconnaître le conditionnement
négatif et accéder et traiter les informations reçues.

Connaître son intellect

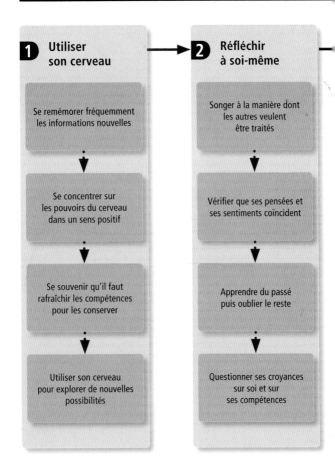

1 Utiliser son cerveau

Se remémorer fréquemment les informations nouvelles

↓

Se concentrer sur les pouvoirs du cerveau dans un sens positif

↓

Se souvenir qu'il faut rafraîchir les compétences pour les conserver

↓

Utiliser son cerveau pour explorer de nouvelles possibilités

2 Réfléchir à soi-même

Songer à la manière dont les autres veulent être traités

↓

Vérifier que ses pensées et ses sentiments coïncident

↓

Apprendre du passé puis oublier le reste

↓

Questionner ses croyances sur soi et sur ses compétences

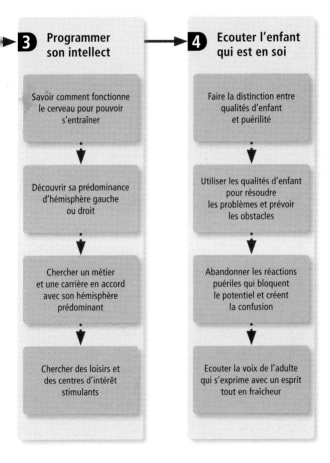

3 Programmer son intellect

Savoir comment fonctionne le cerveau pour pouvoir s'entraîner

↓

Découvrir sa prédominance d'hémisphère gauche ou droit

↓

Chercher un métier et une carrière en accord avec son hémisphère prédominant

↓

Chercher des loisirs et des centres d'intérêt stimulants

4 Ecouter l'enfant qui est en soi

Faire la distinction entre qualités d'enfant et puérilité

↓

Utiliser les qualités d'enfant pour résoudre les problèmes et prévoir les obstacles

↓

Abandonner les réactions puériles qui bloquent le potentiel et créent la confusion

↓

Ecouter la voix de l'adulte qui s'exprime avec un esprit tout en fraîcheur

L'ARE 2
de réussir

L'acronyme ARE désigne les trois étapes
qui jalonnent la voie permettant d'atteindre
vos buts : A pour analyse, R pour remise
en cause et E pour engagement. Ce chapitre
montre comment l'analyse vous aidera
à trouver vos vrais objectifs :

- Savoir qui vous êtes vraiment et comment
  être mieux conscient des autres
- Déceler en quoi vous vous faites du mal
  en restant confiné dans des croyances vaines
  et comment repérer puis surmonter
  les obstacles au changement
- Comment adopter une méthode
  de perfectionnement continu pour progresser
- Comment utiliser l'échec sur la voie
  du succès

Analysez pour prendre conscience

Ce n'est qu'en prenant conscience des comportements qui forment les principes de votre existence que vous pourrez décider des actions à mettre en oeuvre pour réaliser vos ambitions et satisfaire vos besoins.

Prenez conscience

Prendre conscience consiste à tout noter : l'impact des mots que vous utilisez, vos pensées, les images qui apparaissent en vous, les caractères que vous associez aux gens, les jugements que vous portez ainsi que vos comportements et leurs conséquences sur votre vie. Il vous faut développer votre conscience pour que votre manière de penser ne soit pas un obstacle entre vous et vos objectifs.

Planifiez pour réussir

Définissez un plan de bataille. Choisissez un point de départ et un point d'arrivée puis tracez la route du succès.
Si vous voulez par exemple perdre du poids, posez-vous ces questions :

→ Quel est mon poids actuel ? C'est votre point de départ.

→ Quel est mon poids souhaité ? C'est votre point d'arrivée.

→ Quand est-ce que je veux l'atteindre ? C'est votre route vers le succès.

Planifiez vos buts sous forme d'étapes puis observez vos progrès. Divisez votre objectif de perte de poids en étapes hebdomadaires. Calculez les exercices requis pour atteindre chaque mini-but et votre décompte de calories par jour et par semaine.

> **Les opportunités passent souvent inaperçues parce qu'elles sont vêtues d'un bleu de travail et semblent des efforts.**
>
> Thomas Edison

Etude de cas : être conscient de ses besoins

Pierre, un employé modèle, fut un jour sollicité pour faire quelques heures supplémentaires. Il travaillait déjà beaucoup et a alors commencé à rester encore plus tard le soir. Son travail lui importait, mais il était très attaché aux valeurs familiales et frustré de ne pas passer assez de temps avec sa femme et ses enfants. Il s'est rendu compte qu'en continuant ainsi il risquait un jour de rentrer dans une maison vide. Avant que le contrôle des événements ne lui échappe, il décida de déléguer certains des projets à son équipe. Il a pu retrouver des horaires acceptables tout en offrant à d'autres des occasions de relever des défis et d'apprendre.

Pierre a même pu ensuite consacrer plus de temps aux analyses stratégiques de l'entreprise.

- *La prise de conscience de Pierre de son équilibre de vie lui a permis de détecter sa surcharge.*
- *En déléguant un peu de travail aux membres de son équipe, il leur a permis de s'exercer et d'en apprendre davantage, ce qui leur a servi et a été bénéfique pour l'entreprise.*

Atteignez vos objectifs

Quel que soit votre but, il vous faut d'abord découvrir ce qui vous empêche de l'atteindre. Si vous voulez par exemple retrouver la forme physique, réfléchissez aux points suivants :

- Que mangez et buvez-vous ?
- Faites-vous assez d'exercice physique ?
- Quelle quantité d'alcool buvez-vous par jour ?
- Fumez-vous ?
- Dormez-vous suffisamment ?
- Allez-vous prendre l'air ?

Identifiez bien votre but : vous l'atteindrez

Si votre but est d'avoir une vie plus saine, donnez-vous toute une série d'étapes intermédiaires, comme arrêter de fumer, chacune ayant ses propres obstacles.

Vivez au présent

Il n'est pas simple de vivre pleinement le présent, tout en étant en phase avec les autres ainsi qu'avec ses propres pensées et sentiments. L'esprit des gens est en général trop encombré pour qu'ils puissent écouter correctement leur voix intérieure et les conseils des autres. Ils se concentrent sur ce qu'ils vont dire ou réfléchissent à ce qui vient d'être dit. Les bouddhistes cherchent à devenir de plus en plus présents dans l'instant en pratiquant des techniques pour ralentir le rythme et vider leur esprit de toute distraction.

Qui êtes-vous ?

Combien de fois vous êtes-vous assis pour penser à ce que vous étiez vraiment ? La plupart des gens se définissent par rapport à leurs relations personnelles et professionnelles avec les autres : supérieur, mari ou femme, fille, frère, mère. Cette définition par relation est rassurante dans la recherche d'identité car vous savez exactement qui vous êtes et où vous vous situez dans une image globale. Mais en acceptant cette image que vous vous êtes donnée ou que les autres vous ont attribuée, vous la laissez modeler votre identité et vous vous comportez en fonction d'elle.

Pensez SMART

La méthode la plus rapide pour ralentir le rythme consiste à prendre conscience de sa respiration en inhalant et expirant de façon consciente en notant tout ce qui se passe dans votre esprit. Voyez si vous vous souciez de quelque chose qui ne s'est pas produit ou si vous pensez déjà à tout ce que vous avez à faire.

Vous allez commencer à juger de la qualité de vos pensées et de ses effets sur vos paroles et vos actes. En apprenant à vous calmer, vous augmenterez la conscience de vous-même.

Prenez le temps de réfléchir

Prenez du temps pour regarder au plus profond de vous-même. Vous serez plus conscient des forces qui guident votre existence et pourrez ainsi trouver ce qu'il faut changer.

Tenez un journal dans lequel vous notez tout ce qui vous arrive au quotidien. Posez-vous ces questions :

→ Qu'est-ce qui vous rend heureux?

→ Qu'est-ce qui vous énerve au point d'en perdre le contrôle?

→ Quelle est cette personne qui parle dans votre tête?

→ Quelles sont les choses qui vous causent du souci?

→ Qu'est-ce qui vous fait peur?

→ Quel préjugé vous voyez-vous appliquer à vous-même et aux autres ?

Pensée profonde Même si vous êtes surchargé de travail, vous pouvez toujours trouver le temps de noter vos idées dans un journal que vous consulterez plus tard.

Soyez conscient de vous

Dans quelle mesure êtes-vous en relation avec votre corps et vos sens et à quel point utilisez-vous votre intuition ? Tenez-vous compte des signaux que votre corps vous envoie ou ignorez-vous votre stress ? Les symptômes physiques du stress sont en général plus faciles à détecter que les changements de comportements, qui sont eux plus visibles par les autres. Il est capital de reconnaître les symptômes du stress négatif, lequel peut à long terme provoquer l'écroulement de votre système immunitaire et donc déclencher des maladies. En voici, par exemple, quelques effets physiques :

- insomnies ;
- céphalées et douleurs à la nuque, aux épaules et au dos ;
- éruptions cutanées ;
- troubles de l'appétit ;
- troubles de la libido ;
- infections mineures mais fréquentes.

Exploitez votre intuition

5 minutes

Surveillez les signaux de stress du corps.

- Dessinez la silhouette de votre corps sur une feuille.
- Marquez tous les points douloureux.
- Notez les douleurs sur une échelle de 1 à 10.
- Cherchez les situations qui provoquent ces douleurs pour pouvoir les éviter ou les gérer.

Lorsque vous avez une réaction viscérale dans une situation ou face à quelqu'un, essayez de vous servir de votre intuition au lieu de vous limiter à un raisonnement logique, afin de voir si cette réaction était justifiée. C'est en vous entraînant à recourir à l'intuition que vous la rendrez plus précise. La pratique permettra de faire coïncider l'intuition avec la logique sur laquelle vous vous fondiez auparavant. Vous finirez par faire confiance à votre intuition pour trouver directement la cause d'un problème ardu. Cela améliorera votre prise de conscience de la manière dont les autres ressentent les choses et aura un effet bénéfique sur la qualité de vos relations.

Prenez le temps de vous occuper de vous

La plénitude, le sentiment de vivre l'instant et d'être pleinement conscient de ses pensées, de ses sensations et de ses actes : on retrouve ce concept majeur dans le taï chi et le yoga. Cette prise de conscience focalisée aide à trouver le calme, à se recentrer et à se sentir mieux relié au contexte. Il n'est pas nécessaire d'apprendre des postures ou des exercices spéciaux. Orientez votre esprit sur ce qui se passe dans votre corps et dans votre esprit.

→ Vous parviendrez mieux à vous concentrer en apprenant à éliminer votre encombrement mental.

→ Une fois que vous aurez atteint le stade approprié, votre cerveau commencera à travailler plus clairement et de façon plus créative. Vous pourrez ensuite adopter cette approche comme une habitude quotidienne.

Concentrez-vous sur votre souffle Placez vos mains à plat sur la poitrine puis inspirez par le nez et expirez par la bouche. Imaginez l'air qui entre dans votre corps puis en sort. Chassez toute pensée de votre esprit.

Concentrez-vous sur votre corps Allongez-vous au sol les bras le long du corps. Contractez puis relâchez tour à tour chaque groupe de muscles en commençant par les orteils puis en remontant. Cette onde musculaire vous aide à trouver le calme et à prendre conscience de votre corps.

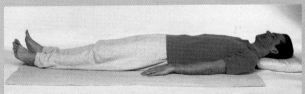

Remettez en cause vos croyances

En faisant une critique de ce que vous croyez être actuellement accessible, vous allez pouvoir supprimer certains obstacles qui vous ont empêché d'en faire plus et d'exister pleinement.

Analysez vraiment vos croyances

Rares sont les personnes qui se demandent d'où viennent leurs croyances. Comme une sorte d'aimant, vous en avez, au cours du temps, attiré de toutes sortes, sur votre compte et sur votre monde, et elles ne vous quittent plus.

Quelle que soit leur provenance, elles décident de toutes vos actions. Si vous voulez atteindre vos objectifs, il est essentiel de savoir que tout dépend de ce que vous croyez être à votre portée.

On n'arrête jamais d'apprendre
Qu'il s'agisse de l'informatique ou de la natation, il n'est jamais trop tard.

Les croyances, les théories, les opinions vous servent à comprendre et à définir le monde qui vous entoure. Elles vous permettent de naviguer dans ce monde, mais peuvent devenir préjudiciables dès lors qu'elles vous empêchent de voir l'évidence.

Pour maintenir la cohérence de vos croyances limitantes, vous filtrez tout selon l'une des trois méthodes que sont la suppression, la distorsion et la généralisation. Cela vous permet de conserver votre vision du monde, de votre entourage, du bien et du mal.

→ **Suppression.** Quand une personne que vous considérez comme positive fait ou dit quelque chose de négatif, vous avez tendance à supprimer cet événement négatif de votre mémoire parce qu'il est non conforme à votre opinion de la personne ou à vos attentes concernant son comportement. Il arrive même que vous ne le mémorisiez pas du tout car il a été supprimé instantanément, comme s'il n'était jamais survenu.

> **Soyez critique avec vos croyances et cherchez les preuves contraires**

→ **Distorsion.** Vous déformez l'information si elle ne correspond pas à votre idée d'une personne ou d'une situation. Votre cerveau accepte les éléments de l'histoire qui coïncident avec vos croyances et déforme celles qui sont contraires pour les adapter.

→ **Généralisation.** Cette technique consiste à rendre invalide une information inacceptable. Si une personne considérée comme positive fait quelque chose de négatif, vous maintenez votre croyance dans son aspect positif en réfutant l'action "anormale" car elle ne lui est pas habituelle.

ASTUCE Souvenez-vous que les croyances bloquantes que vous avez sur vous-même font autant de dégâts que celles que vous avez sur les autres.

Changez vos croyances

Il vous arrive sans doute rarement d'analyser vos croyances et les effets qu'elles ont sur vous. Vous vous êtes sans doute confortablement installé dans vos opinions sans vous douter que des changements sont peut-être nécessaires.

Arrêtez de vous croire dans le vrai

En vous accrochant à votre histoire et en la croyant authentique, il est peu probable que vous puissiez vous remettre en question à moins que quelqu'un ne le fasse ou que de nouvelles informations ne se présentent. Plus vous avez longtemps cru en quelque chose, plus cette croyance est ancrée en vous et moins vous êtes préparé à vous en libérer pour avancer.

> **Ouvrez-vous à la possibilité de ne pas être dans le vrai**

Acceptez que la Terre soit ronde

Il est difficile de faire évoluer ses croyances parce qu'on les défend de façon très véhémente. Il fut un temps où tout

Références et expériences

Vos croyances sont fondées sur vos points de référence et sur vos expériences. Si vous n'avez pas appris à nager étant enfant parce que vous aviez peur de l'eau, vous pouvez tout à fait continuer à croire que vous ne pourrez jamais apprendre.

→ Un échec pendant l'enfance peut vous empêcher d'essayer des choses dans d'autres domaines, une fois adulte.

→ Une seule expérience malheureuse peut vous retenir de faire un nouvel essai.

→ Les références que vous avez quant aux compétences des autres peuvent être obsolètes.

le monde pensait que la Terre était plate. Un jour, des données indiscutables ont fait voler cette croyance en éclats.

Il y a pourtant encore des gens qui en sont convaincus.

La peur de l'échec

Dans une salle de réunion comme sur un terrain de sports, la signification que vous donnez à l'échec peut suffire à vous interdire de faire quelque chose de nouveau avant même d'essayer. Pourtant, chaque échec est une occasion d'apprendre. Si vous réfléchissez à vos situations d'échec, vous pouvez toujours en tirer quelque chose. Ne considérez pas l'échec comme une fin, mais comme le début d'un nouveau voyage de découverte. Souvenez-vous que :

- Vous aurez beaucoup plus de chances d'en apprendre avec vos échecs qu'avec vos succès.
- En considérant chaque échec comme l'occasion de découvrir des choses à votre sujet et à celui des autres, de voir ce qu'il faut changer la prochaine fois, vous atteindrez vos objectifs. Vivre, c'est apprendre.

> **Qu'oseriez-vous faire si vous saviez que vous ne pouvez jamais échouer ?**
>
> Jim Rees

Changez vos croyances bloquantes

Passez votre vie en revue pour repérer quand vous avez acquis vos croyances actuelles sur vous et sur le monde. Demandez-vous ensuite si celles-ci vous aident ou vous empêchent d'atteindre vos buts. Analysez les raisons de vos croyances et de vos freins. Si vous avez par exemple échoué à arrêter de fumer, vous pouvez en avoir conclu qu'il vous était impossible d'arrêter.

Donnez-vous les moyens

Une croyance positive est celle qui vous permet de voir toutes les possibilités d'une situation. En apprenant à repérer ces croyances, vous pouvez ensuite les exploiter pour contrecarrer les croyances négatives.

- Quels sont les arguments qui renforcent votre idée qu'une chose est possible ?
- Connaissez-vous des personnes qui ont réussi ce que vous tentez de faire ? Si c'est le cas, comment ont-elles procédé ? Quelle était la recette de leur succès ?
- Avez-vous déjà vécu une situation dans laquelle vous n'avez pas abandonné et avez fini par réussir ?
- Si personne n'a jamais réussi ce que vous tentez, quelle conviction pensez-vous nécessaire pour y parvenir ?

TECHNIQUES
pratiques

Vos croyances négatives sont liées à tout ce qui vous gêne, de votre situation professionnelle au genre de relations que vous entretenez avec vos parents et amis.

- Dressez la liste de ce que vous pensez être vos croyances négatives.

- Cherchez d'où elles proviennent et quels arguments vous utilisez pour les maintenir.
- Définissez quelles sont vos croyances positives et négatives, celles qui vous gênent dans vos relations avec les autres, puis décidez de les garder ou de les abandonner.

Exploitez le plaisir et la douleur

La technique la plus radicale pour modifier une croyance bloquante consiste à amplifier la douleur associée à ses effets. Si vous voulez arrêter de fumer, concentrez-vous sur les dégâts de cette addiction.

→ Quel est votre niveau actuel de bien-être et votre bilan de santé?

→ Combien d'argent avez-vous dépensé toutes ces années? Songez au bilan si vous poursuiviez.

→ Quel sera votre bien-être dans cinq ou dix ans? Combien d'argent aurez-vous dépensé en tabac ? Comment votre tabagie aura-t-elle affecté la santé de vos enfants ?

→ Serez-vous en assez bonne forme pour jouer avec vos enfants et vos petits-enfants ? En quoi votre tabagie va-t-elle affecter leur qualité de vie ?

Suivez ensuite le même principe mais en associant le plaisir aux aspects positifs que vous espérez faire naître en changeant votre comportement :

→ Calculez les économies que vous allez faire en arrêtant.

→ Songez à l'amélioration de votre état de santé.

→ Songez à la diminution de vos arrêts de travail et de celle des risques d'hospitalisation.

→ Réjouissez-vous du temps que vous allez pouvoir passer avec vos enfants et petits-enfants.

Croyances positives

IMPACT FORT

- Mon bilan de santé sera nécessairement meilleur
- Ma famille m'encouragera
- Il n'est jamais trop tard pour changer
- Ma volonté augmente sans cesse

IMPACT FAIBLE

- Ma santé est déjà si mauvaise que cela n'a plus d'intérêt
- Ma famille me demande déjà beaucoup trop
- Je fume depuis toujours
- Je n'ai pas la volonté
- Je n'arrêterai jamais de fumer

Engagez-vous jusqu'au bout

C'est en décidant de vous engager jusqu'au terme d'un projet que vous devenez un gagnant et pas seulement un participant. Les qualités fondamentales de l'engagement sont la détermination, la motivation et l'enthousiasme.

Faites le pas suivant

Combien de gens abandonnent au moment même où les choses allaient enfin progresser ! De ce fait, ils se privent de tous les avantages des efforts déjà déployés vers cet objectif. Parfois, le succès ne dépend plus que d'un appel téléphonique ou d'une séance d'entraînement. C'est ce principe qu'utilisent depuis toujours les entrepreneurs qui réussissent et c'est ce qui sépare la réussite de l'échec.

N'abandonnez jamais
Les meilleurs comme les pires de vos jours ont des crépuscules. Tirez le maximum de chaque journée.

Etude de cas : croire à son rêve

Gina a toujours voulu tenir son restaurant. En fin de scolarité, elle a travaillé dans une pizzéria locale puis est allée se faire embaucher comme serveuse dans un restaurant à l'autre bout du pays. Malgré les horaires infernaux, le salaire indécent et l'éloignement de la famille, Gina a cherché à apprendre auprès des cuisiniers. Elle est ensuite passée aux cuisines d'un restaurant très réputé. Elle a constaté qu'elle ne parvenait plus à progresser et a songé à ouvrir un café dans sa région. Dans un dernier effort, elle a participé à un concours culinaire international et a remporté le premier prix : un an de formation avec un chef renommé. Elle a ainsi pu obtenir un prêt bancaire pour ouvrir dans sa propre ville un restaurant qui marche très bien.

*   *Gina a toujours su ce qu'elle voulait et elle a orienté tous ses actes en conséquence.*
*   *Elle a gardé son but en vue, même lorsque cela semblait devenir impossible.*
*   *Au lieu d'abandonner, elle a réussi à faire le dernier pas pour concrétiser son ambition. Tout le monde n'a pas la chance de gagner un prix comme Gina, mais sa persévérance a été indispensable. Etes-vous prêt à faire le prochain pas au moment où l'adversité vous assaille ?*

Engagez-vous à réussir

Avant de vous lancer dans n'importe quel projet, clarifiez vos objectifs et vos arguments, estimez le planning et engagez-vous à aller jusqu'au bout. Subdivisez vos efforts en étapes et définissez des jalons pour marquer la fin de chacune d'elles. Voyez régulièrement combien d'étapes vous avez franchies et ce que vous pouvez apprendre sur celles que vous n'avez pas atteintes. C'est ainsi que vous allez repérer les points de basculement pour ne pas abandonner au pire moment. Lorsque vous décidez de perdre du poids ou d'obtenir une promotion, vous êtes déjà engagé vers le but. Il y avait une énergie positive puissante à la source de votre désir et vous étiez déterminé à ce que rien ne vous empêche de l'atteindre. Souvenez-vous de cette sensation lorsque les choses se corsent.

ASTUCE Si vous faites ce que vous avez à faire quand il faut le faire, vous serez capable de faire ce que vous voulez faire quand vous voudrez le faire.

Exploitez la philosophie Kaizen

La philosophie japonaise Kaizen cherche à privilégier les améliorations progressives au quotidien. Il s'agit de traquer chaque occasion d'améliorer par étapes un aspect ou un autre de l'existence. Le temps aidant, cette technique permet d'approcher de la perfection. Elle a été adoptée dans de très nombreux domaines, notamment ceux de la construction automobile et de la pharmacie.

Soyez progressif

Supposons que vous désiriez vous entraîner pour un 400 mètres qui aura lieu dans quatre mois. Vous voulez gagner, mais vous êtes pour l'instant cinq secondes sous la moyenne. Augmenter ses performances en si peu de temps peut sembler impossible. Mais si vous subdivisez les progrès en petites étapes, votre défi ne représente plus que 1,25 seconde d'amélioration par mois, soit 0,0416 seconde par jour. L'objectif devient accessible et vous pourrez mesurer vos progrès.

Amélioration continue
Pour réussir, il faut en prendre totalement la responsabilité et adopter une discipline quotidienne.

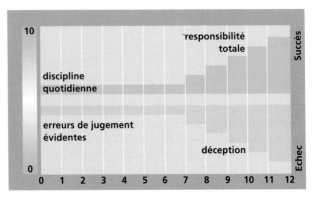

L'écart entre savoir et agir

Vous savez sans doute combien d'exercices vous devez faire par semaine, combien de verres d'eau vous devez boire par jour et combien d'heures de sommeil vous sont nécessaires. Toutes ces choses sont évidentes, mais elles ne sont que rarement mises

Il est toujours plus simple de ne pas faire, alors plongez et lancez-vous

en pratique. Combien de fois vous arrive-t-il de constater que vous auriez dû faire des choses de façon régulière ? Il vous faut trouver un moyen de vous motiver pour faire ce que vous avez à faire et continuer à le faire même lorsque cela devient un peu difficile.

Réduire l'écart

Si vous avez du mal à commencer un régime ou une pratique sportive ou même à ranger chez vous, vous pouvez vous motiver pour réduire l'écart entre immobilisme et action.

→ C'est le premier pas qui compte. Obligez-vous à le faire en y consacrant dix minutes. Dès que vous avez démarré, les pas suivants seront plus simples.

→ Découpez la tâche en sections. Si elle est importante, comme c'est le cas pour le nettoyage de la maison, faites une pièce à la fois.

→ Ajoutez un peu de plaisir ou d'intérêt. Si vous commencez à faire du footing, par exemple, chronométrez-vous et notez vos performances dans un journal avec une indication de votre état physique et de la distance. Vous aurez ainsi de quoi mesurer vos progrès.

→ Ayez toujours l'objectif en vue. Pensez au plaisir qu'il y a à avoir une maison propre. Vous serez bien plus motivé pour commencer.

Rompez le cercle vicieux

En vous trouvant des excuses pour éviter d'affronter vos peurs, vous installez un cercle vicieux difficile à rompre. Il est donc indispensable de voir si vous utilisez ces excuses de façon habituelle pour esquiver les défis.

→ Je n'ai pas assez de temps.

→ Je ne vois pas le problème.

→ Ce n'est pas mon tour.
   Je le ferai plus tard.

→ J'ai trop de travail.

→ Je suis sans cesse
   interrompu.

→ Je ne peux me concentrer
   dans ce contexte.

→ Je ne sais pas
   par où commencer

→ Je le ferai demain.

En faisant face, vous allez en faire plus et vous serez fier d'avoir eu le courage d'affronter ce qui vous faisait peur.

Identifiez vos obstacles

Lorsque vous évitez de faire face, par exemple lorsque vous voulez obtenir une promotion ou exposer dans une galerie, c'est souvent la peur d'échouer qui vous bloque. Mais ce n'est pas toujours visible car vous déployez toutes sortes de stratégies de raisonnement et d'excuses pour vous masquer cette peur de l'échec.

Apprenez à vous relever pour réussir

Lorsque vous avez appris à marcher, vos parents vous ont sans cesse encouragé à vous relever et à réessayer lorsque vous vous retrouviez sur les fesses. C'est l'exemple parfait de l'échec qui mène à la réussite. Si vous n'aviez pas procédé ainsi, vous seriez encore à quatre pattes.
Les personnes qui réussissent utilisent souvent cette stratégie. Elles se remettent en cause pour savoir ce qui n'a pas marché et ce qui a fonctionné, afin d'apprendre et de faire les correctifs nécessaires avant le prochain essai.

ASTUCE Essayez chaque jour de faire une chose que vous n'êtes pas certain de savoir faire correctement. Votre confiance augmentera quand vous réussirez.

Tenez un journal

Les personnes efficaces tiennent fréquemment un journal pour noter leurs recettes de réussite. Commencez le vôtre en notant tout ce qui a bien fonctionné, ce que vous avez appris à votre sujet et ce que vous devez changer pour mieux y arriver la prochaine

Un gagnant ne se décourage jamais, un découragé ne gagne jamais

fois. En le relisant, vous allez pouvoir repérer des comportements systématiques qui ont mené à la réussite. Profitez-en pour identifier les obstacles qui vous empêchent de réussir plus souvent. Soyez honnête pour trouver les causes des échecs et prenez les décisions pour les corriger.

Pensez SMART

!

Posez-vous la question "Et alors ?" lorsque vous devez tenter quelque chose de nouveau. Vous pourrez ainsi distinguer ce qui est important de ce qu'il l'est moins et choisir les actions qui vous mènent mieux vers votre but.

Les vendeurs expérimentés approchent souvent les nouveaux clients en se disant que certains vont acheter et d'autres non. Et alors ? Cela ne signifie pas qu'ils vont économiser leurs efforts pour réussir chaque vente. C'est simplement qu'ils ne font pas un drame d'un échec. Ils sont ainsi mieux disposés pour le client suivant. La question "Et alors ?" vous permet de prendre du recul. Chaque réponse négative vous rapproche d'une réponse positive.

Synthèse : la voie du succès

En adoptant les trois concepts ARE (analyse par prise
de conscience, remise en cause et engagement),
vous atteindrez une meilleure connaissance de vous-même
et des autres et un meilleur contrôle de l'effet de vos mots
et de vos gestes. Vous saurez éliminer les obstacles
que vous placez vous-même sur la voie de votre succès.

Quatre étapes pour réussir

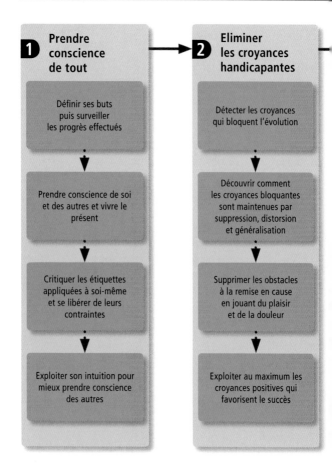

1 Prendre conscience de tout

Définir ses buts puis surveiller les progrès effectués

Prendre conscience de soi et des autres et vivre le présent

Critiquer les étiquettes appliquées à soi-même et se libérer de leurs contraintes

Exploiter son intuition pour mieux prendre conscience des autres

2 Eliminer les croyances handicapantes

Détecter les croyances qui bloquent l'évolution

Découvrir comment les croyances bloquantes sont maintenues par suppression, distorsion et généralisation

Supprimer les obstacles à la remise en cause en jouant du plaisir et de la douleur

Exploiter au maximum les croyances positives qui favorisent le succès

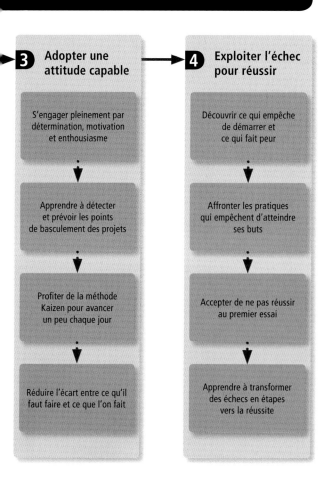

3 Adopter une attitude capable

S'engager pleinement par détermination, motivation et enthousiasme

↓

Apprendre à détecter et prévoir les points de basculement des projets

↓

Profiter de la méthode Kaizen pour avancer un peu chaque jour

↓

Réduire l'écart entre ce qu'il faut faire et ce que l'on fait

4 Exploiter l'échec pour réussir

Découvrir ce qui empêche de démarrer et ce qui fait peur

↓

Affronter les pratiques qui empêchent d'atteindre ses buts

↓

Accepter de ne pas réussir au premier essai

↓

Apprendre à transformer des échecs en étapes vers la réussite

Trouvez les causes des échecs

Après avoir découvert les trois étapes clés (prise de conscience, remise en cause et engagement), il faut s'intéresser aux causes des échecs. En reconnaissant les comportements problématiques, vous pourrez agir pour les corriger.

Détectez vos déclencheurs

Songez aux situations dans lesquelles vous avez réagi par la colère. Vous devez pouvoir trouver le déclencheur de cet état. Souvent, la colère survient quand on a été interrompu inopinément ou quand on a ressenti un manque de courtoisie. Par exemple :

- Un de vos enfants vous a demandé de vous occuper de lui mais vous étiez occupé.
- Un collègue a surgi dans votre bureau pour annoncer une broutille alors que vous étiez dans un calcul complexe.
- Le téléphone portable d'une autre personne a sonné pendant que vous faisiez une présentation importante, et vous avez été forcé de vous interrompre.
- Quelqu'un vous a grillé la priorité en voiture sans vous remercier par un geste.

Gardez le contrôle

Il est trop tard lorsque vous réalisez que vous avez perdu le contrôle, d'autant plus que vous commencez à vous sentir coupable de votre réaction. Servez-vous de la technique de prise de conscience pour comprendre que la colère ne vous est d'aucune aide

La colère provoque des dégâts collatéraux

dans aucune situation. Il s'agit toujours d'une énergie négative qui finit par endommager les relations au lieu de les renforcer. De plus, il est difficile de corriger une réaction colérique car le souvenir en reste longtemps présent.

Refusez de pointer du doigt

Lorsque vous vous préparez à blâmer quelqu'un, demandez-vous toujours si vous avez pris l'entière responsabilité de votre partie du problème. En dénigrant, vous vous empêchez de pouvoir analyser votre rôle dans le manque de clarté qui est peut-être la cause de ce problème. Cela vous empêche aussi de reconnaître les contributions positives que les autres ont eues dans un projet. Cherchez à comprendre si vous avez bien formalisé vos attentes. Vous n'y parviendrez que si vous êtes préparé à endosser toute la responsabilité de la qualité de vos échanges.

Soyez responsable

En renvoyant la faute sur d'autres, vous refusez de vous rendre responsable. Si vous êtes par exemple en retard à une réunion et prétextez un embouteillage, vous vous comportez avec légèreté. Devez-vous, à votre âge, encore découvrir que le trafic n'est pas prévisible ? Si la réunion est importante, organisez-vous pour arriver un peu en avance.

Arrêtez de vous plaindre

Cette dernière cause d'échec est l'une de celles qui dévorent le plus de temps et d'énergie. Il est rare qu'elle favorise vos objectifs et elle ne vous sert à rien si vous ne faites rien d'autre que de vous plaindre du passé. C'est le cas pour la météo, les bouchons, les impôts, les transports publics, les files d'attente, les radars routiers, les retards dans les services, la Poste ou encore les programmes télé et le gouvernement.

On se plaint souvent parce qu'on est frustré de voir une personne qui ne se conforme pas aux modèles

5 minutes

Quand vous sentez que vous allez vous mettre en colère, calmez-vous.

- Si possible, reculez un peu.

- Inspirez plusieurs fois.

- Comptez mentalement depuis 100 en descendant de treize en treize.

Prenez vos responsabilités

Lorsque vous dénigrez les autres pour leur manque d'efforts ou de compréhension, vous vous engagez sur la pente glissante de la frustration qui peut vous faire sortir de vos gonds. Quelle est votre part de responsabilité dans la situation ? En prenant pleinement vos responsabilités, vous en apprendrez plus sur vous-même et les autres.

→ Vérifiez à nouveau si ce que vous croyez être la cause du problème l'est vraiment.

→ Demandez-vous quelle est votre part dans la situation.

→ Cherchez un terrain d'entente avant de dire quelque chose d'inacceptable.

→ Concentrez-vous sur le problème et ne ramenez pas les problèmes passés.

→ Cherchez s'il n'y a pas eu dans le passé une situation dans laquelle vous avez fait ce que vous blâmez maintenant et voyez si ce n'est pas la raison de votre trop forte sensibilité.

Etude de cas : changer son objectif

Daniel avait travaillé dur pour pouvoir se payer une croisière de luxe avec toute sa famille. Il était tellement angoissé à cette idée qu'une fois en vacances il s'est mis à l'affût du moindre petit défaut. En traquant les défauts, il a évidemment détecté de nombreux petits problèmes et n'a cessé de se plaindre le premier jour.

Le soir venu, au moment où il allait encore se plaindre du service de table, il a surpris les visages déconfits des membres de sa famille. Voyant qu'il allait gâcher les vacances de tout le monde, il a décidé qu'il pouvait tout à fait supporter ces petits défauts. La suite de leurs vacances fut une grande réussite.

- *En découvrant assez tôt que ses plaintes n'allaient rien arranger, Daniel a pu faire passer d'excellentes vacances à tout le monde.*
- *Il a pu reprendre le travail frais et relaxé, prêt à relever ses prochains défis.*
- *Il s'est servi de son expérience au travail en se concentrant sur les côtés positifs et a cessé de se plaindre de tous les détails.*

ou parce qu'on a été déçu. Si, par exemple, vous n'avez pas obtenu le service attendu en réservant une chambre d'hôtel, songez qu'il peut y avoir de nombreuses causes au fait que l'hôtel ne vous a pas satisfait. Peut-être en demandez-vous trop, ou votre demande a été égarée, la chambre a été réservée deux fois ou vous n'avez pas clairement dit que vous vouliez une chambre non fumeur par exemple.

- Ne vous plaignez pas de ce que vous ne pouvez pas changer, comme la météo.
- Même si vous pensez que vous pouvez faire quelque chose, par exemple en vous plaignant du service, restez calme.

Souvenez-vous que lorsque vous vous plaignez d'une chose qui est déjà passée ou que vous ne pouvez changer, vous refusez la réalité et ne pouvez que perdre.

Gardez le 3
contrôle

Imaginez cette situation. De bonne humeur,
vous conduisez tranquillement quand un autre
véhicule vous coupe la route et vous oblige
à freiner. Le conducteur est tout bonnement
en train de téléphoner, totalement ignorant
de ce qu'il a fait. Dans ce genre de moment,
vous ne risqueriez pas de perdre le contrôle
si vous avez appris à rester maître de vous en :

- Développant une attitude positive et
  en entraînant votre inconscient pour réussir
- Prenant la responsabilité de vos choix
  pour obtenir des résultats bénéfiques
- Appliquant quatre étapes clés pour penser
  clairement et mieux comprendre les autres
- Optimisant vos performances sous la pression
  et réduisant l'impact des obstacles
- Construisant confiance et respect de vous

Choisissez la bonne attitude

**Une posture mentale positive représente jusqu'à 90 %
des ingrédients qui permettent d'atteindre une vie
heureuse. Avez-vous le choix d'en adopter une autre ?**

Evaluez-vous

Pour adopter une nouvelle attitude, il suffit de le vouloir.
Commencez par prendre conscience de l'effet de votre
attitude actuelle en la notant sur une échelle de 1 à 10
(1 étant mauvais et 10, excellent). Il est fort probable qu'en
vivant vos expériences au niveau 10 quand il le faut,
vous obtiendrez plus souvent les résultats attendus.

Qui vous autorise à réussir ?

Peut-être êtes-vous pris dans le piège consistant à attendre
que quelqu'un vous autorise à essayer quelque chose de
nouveau ? Peut-être ne savez-vous plus exactement ce qu'il
faut penser parce que vous avez pris l'habitude qu'on pense
pour vous ? Dans ce cas,
demandez-vous ce que vous
voulez dans la vie.

Exploitez chaque instant
Toute rencontre est une opportunité de
succès. Adoptez une attitude positive.

Etude de cas : sauter sur l'occasion

François et Jean-Paul étaient tous deux commerciaux chez deux fabricants de chaussures. Ils parcouraient ensemble le vaste monde à la recherche de nouveaux marchés. En descendant de l'avion dans un nouveau pays, François remarqua que tout le monde marchait pieds nus. Il a immédiatement réservé le premier vol retour. Jean-Paul a fait le même constat mais s'est frotté les mains. Il a appelé son bureau pour leur dire qu'il fallait augmenter la production car la demande en provenance de ce pays allait exploser grâce à lui.

- *François pensait que puisque personne ne portait de chaussures, il n'arriverait pas à en vendre. Il a adopté un profil bas et a manqué une belle occasion pour lui et sa société.*
- *Jean-Paul avait une attitude plus entreprenante et il a vu une superbe opportunité.*
- *Saisir l'occasion consistait à garder une attitude positive et à rester ouvert à l'ambition.*

Remarquez-vous !

Pour devenir remarquable, il faut d'abord se surprendre soi-même. Ne vous retenez pas d'essayer de nouvelles choses parce que vous avez peur de ce que les autres vont penser ou dire. Il faut parfois aller à l'encontre des choses pour réussir, éventuellement en tenant tête à ses amis et à sa famille. Vos concurrents vont rarement vous laisser faire, que ce soit sur un terrain de sports ou au travail. C'est à vous de fournir l'effort qui vous permettra d'atteindre vos buts.

Découvrez votre attitude

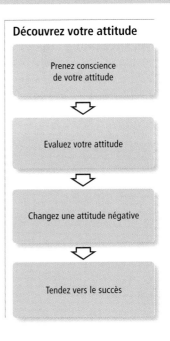

Prenez conscience de votre attitude

⬇

Evaluez votre attitude

⬇

Changez une attitude négative

⬇

Tendez vers le succès

Adoptez un regard positif

Les personnes à qui tout semble réussir sont celles qui adoptent une attitude positive et espèrent que les choses vont bien tourner pour elles. En adoptant une telle attitude, vous allez :

- vous venir en aide pour avancer vers vos objectifs ;
- vous pousser à agir ;
- vous aider à trouver les raisons qui vous permettront d'agir plutôt que celles qui vous empêchent de le faire.

En changeant votre manière de regarder les choses, vous les verrez changer d'apparence. Si vous supposez que les autres vont mal se conduire avec vous, vous attirerez ceux qui vont concrétiser votre crainte. Vous allez adopter en conséquence une mauvaise attitude relationnelle et continuer à ne rien attendre des autres. Vous pouvez même commencer à croire que vous ne méritez pas d'entretenir des relations heureuses et satisfaisantes.

Le succès vient si vous croyez à votre valeur

Qui pilote votre attitude ?

Vos croyances sont responsables de votre attitude et ce sont aussi elles qui permettent d'en changer. C'est un peu comme une plante : vos croyances sont des racines supportant une tige, qui est l'attitude, et les fleurs sont les résultats.

Pensez SMART

Il est plus facile de changer votre attitude face à votre travail que de changer de travail. Concentrez-vous sur le bon côté, il sera plus facile à réaliser.

Cela dit, si vous pensez vraiment que votre travail actuel n'est pas idéal pour votre plan de carrière, cherchez à acquérir d'autres compétences avant de changer. En adoptant une nouvelle attitude, vous pouvez même vous voir offrir une promotion, ce qui vous permettra d'obtenir un poste à votre convenance sans changer de structure.

Si vous croyez fortement qu'il ne faut jamais abandonner, cela va influencer votre attitude et vous atteindrez

Restez motivé Il faut du temps pour apprendre, mais une attitude positive permet de rester concentré et de faire de l'effort un plaisir.

vos objectifs. Vous aurez un comportement sain et fort qui vous permettra d'envisager les difficultés comme des occasions d'apprendre et des étapes sur la voie du succès. Ce sont vos croyances qui contrôlent la manière dont vous regardez le monde et agissez. En changeant une croyance, vous modifiez votre attitude, ce qui détermine vos résultats.

Reprogrammez-vous pour le succès

Votre inconscient mémorise tout ce qui passe par votre conscience. Ainsi, en répétant une pensée consciente suffisamment longtemps, elle finit par être stockée dans l'inconscient. Pour programmer votre intellect pour réussir, il faut savoir comment fonctionne votre inconscient. Si par exemple vous êtes sans cesse en retard, votre inconscient a sans doute mémorisé le fait que vous ne parveniez jamais à être à l'heure. Cette pensée vous pousse à trouver des prétextes pour continuer à ne jamais être ponctuel.

Ne devenez pas un dénigreur

C'est vous qui décidez comment réagir face aux obstacles de la vie. Analysez tout, de votre état de santé à vos relations. Vous serez forcé de constater que votre situation actuelle est le résultat de vos choix passés.

Devenez responsable

Avez-vous tendance à rejeter sur les événements et sur les autres les raisons de vos échecs parce que c'est plus simple que d'en prendre l'entière responsabilité ? Il est facile de tout dénigrer car vous pouvez jouer à ce jeu seul. Vous vous persuadez que vos échecs sont dus à la conjoncture économique, à vos concurrents, votre chef, le gouvernement, l'école, vos études, vos parents. Seriez-vous du genre à chercher des excuses pour ne jamais agir ? Réfléchissez aux conséquences probables.

> **Une réaction négative ne permet jamais d'atteindre un résultat positif**

TECHNIQUES pratiques

En vous libérant des excuses et de la procrastination (report incessant au lendemain), concentrez-vous sur les choses que vous contrôlez afin d'obtenir un résultat favorable.

Si vous ne parvenez pas à progresser vers votre but, demandez-vous ce qui fait obstacle.

- Dressez la liste des tâches non achevées puis celle des excuses que vous vous êtes trouvées.

- Concentrez-vous sur ce que vous pouvez faire pour supprimer les excuses inacceptables.

- Si vous êtes effrayé par la longueur de la liste des tâches, subdivisez-la en plusieurs blocs plus faciles à gérer.

- Octroyez-vous un délai réaliste pour réaliser chaque tâche.

- Méfiez-vous des tactiques de procrastination et lancez-vous dans la première tâche de la liste.

Contrôlez vos choix

En général, on ne contrôle pas les événements qui surviennent, mais on peut contrôler la manière d'y réagir. C'est ce qui détermine la qualité de la conséquence. Le processus normal enchaîne événement, réaction et résultat.

➜ **Evénement** – Tout ce qui vous arrive : embouteillage, client mécontent, mauvaise nouvelle, café renversé.

➜ **Réaction** – Comment vous décidez de réagir à l'événement.

➜ **Résultat** – L'effet de votre réaction à l'événement.

Pour pouvoir mieux contrôler les événements, il suffit de réordonner le processus pour qu'il travaille non contre vous, mais pour vous. La nouvelle séquence devient "événement, résultat, réaction".

➜ **Evénement** – L'événement est toujours en première position.

➜ **Résultat** – Vous réfléchissez au résultat que vous désirez obtenir.

➜ **Réaction** – Votre réflexion vous permet de réagir de la façon la mieux appropriée pour atteindre le résultat.

Imaginez toutes les conséquences

Si vous avez du mal à imaginer le résultat escompté avant de réagir à une situation, il est utile de réfléchir à la conséquence que vous ne souhaitez pas. Demandez-vous quelles seraient les conséquences si vous réagissiez autrement, et voyez si la nouvelle situation vous conviendrait. Par exemple, quand vous vous mettez en colère, vous perdez le contrôle, faites monter votre tension et êtes moins efficace pour le reste de la journée. Avec une réaction négative, vous vous empêchez d'explorer des solutions pour transformer la situation de façon positive. Si vous accusez les autres d'une conséquence fâcheuse, ils ne vous aideront sans doute pas à améliorer la situation. En vous souciant d'une situation sans rien décider pour la corriger, vous n'obtenez rien d'autre qu'un surcroît de stress.

Jouez au jeu des résultats

Etes-vous prêt à faire ce qu'il faut pour vivre votre destin, pour poursuivre malgré les obstacles et contre le courant ? Combien de fois vous faudra-t-il chuter, vous relever et repartir vers votre destin ? Quand les choses ne vont pas bien et qu'il y a un obstacle à chaque pas, vous pourriez croire que la vie des autres est plus facile. Mais tout ce qui peut vous faire dévier de la voie vers le succès s'applique tout autant aux autres, y compris à ceux qui ont réussi. Chacun de nous doit surmonter des obstacles très divers sur la route qui mène à son but.

Etude de cas : savoir faire une pause

Raymonde circulait sur l'autoroute l'esprit serein, vers son premier rendez-vous avec un nouveau client. Soudain, elle se trouva bloquée dans un embouteillage monstre. Sa première réaction a été de stresser à cause du retard qui s'ensuivrait. Mais elle a vite compris que ce n'était pas une attitude efficace et s'est concentrée sur le résultat qu'elle espérait suite à l'entrevue, en cherchant comment sauver la situation. Elle a alors appelé son nouveau client pour tout lui expliquer. Tout en avançant lentement, elle a réfléchi à la manière de raccourcir la durée de sa présentation. En arrivant chez son client, elle était à nouveau calme et concentrée et a pu réaliser une si bonne prestation qu'elle a fait affaire.

• *En modifiant sa réaction initiale au problème qu'elle ne pouvait contrôler, Raymonde a pu retrouver son professionnalisme et faire bonne impression.*
• *En restant concentrée, elle a atteint l'objectif visé et a pu conclure une nouvelle affaire.*

Devenez un gagnant

Pensez aux personnes que vous connaissez ou que vous admirez et qui ont réussi leur vie. Vous verrez qu'ils partagent tous quelque chose de spécial.

→ Un gagnant en fait plus dans sa vie parce qu'il se relève et dit oui plus souvent.

→ Un gagnant cherche une opportunité dans chaque situation.

→ Un gagnant utilise son radar pour repérer les choses qui vont le rapprocher de ses buts.

→ Un gagnant adopte toujours une posture ouverte et prête.

Si vous voulez devenir un gagnant, vous devez savoir que vous n'obtiendrez pas toujours précisément le résultat que vous espérez. Mais vous en obtiendrez un, à partir duquel il vous suffira ensuite d'ajuster votre objectif. Il vous faudra sans doute corriger votre cible de nombreuses fois avant d'atteindre le résultat escompté.

Cherchez à réussir Qu'il s'agisse d'obtenir un diplôme ou tout autre succès à long terme, ne laissez pas les petits obstacles vous faire dévier de votre route.

Ralentissez le rythme

De nos jours, la vie se déroule à un tel rythme que nous avons rarement le loisir de vérifier que nous allons dans la bonne direction. De ce fait, de précieuses leçons sont manquées.

Combattez le karoshi

Voici quelques dizaines d'années, les Japonais ont inventé un mot pour parler du surmenage mortel : le *karoshi*.

La pression qui pousse à en faire plus en moins de temps installe la dépression et l'absentéisme. (Ce qui donne encore plus de travail à ceux qui sont restés au travail.) Tout stress finit par affaiblir le système immunitaire, ce qui rend beaucoup plus sensible aux infections.

Les absents infligent un supplément de pression à ceux qui doivent faire leur travail.

Ralentissez et analysez les situations

Lorsque vous discutez, vous est-il déjà arrivé de réfléchir à votre réponse au lieu d'écouter la fin de ce que l'on vous dit ? En agissant ainsi, vous risquez de passer à côté d'informations importantes. Regardez bien la posture, le rythme et le ton de voix de votre interlocuteur et observez comment les autres personnes, si c'est un groupe, répondent à celui qui prend la parole.

Appliquez le modèle CALM

Calmez-vous et écoutez ce que l'on vous dit

Analysez votre voix intérieure et voyez si ce qu'elle vous dit est vrai

Listez vos pensées et critiquez tout ce dont vous n'êtes pas sûr

Mobilisez-vous pour réagir de façon appropriée et faire bonne impression

Evaluez votre niveau d'écoute

Les niveaux d'écoute peuvent se classer en cinq catégories. Savoir vous situer vous permettra d'être plus efficace dans vos prochaines conversations. Voici ces niveaux :

- **N. 1** – Ignorer celui qui parle.
- **N. 2** – Croire que l'on écoute.
- **N. 3** – Ecouter sélectivement.
- **N. 4** – Ecouter attentivement.
- **N. 5** – Ecouter avec empathie.

Ce classement montre qu'il faut une bonne prise de conscience pour atteindre les niveaux 4 et 5 et que bien des informations sont perdues dans les niveaux inférieurs. Dans de rares cas, il peut être utile de se cantonner à un niveau inférieur, mais obligatoirement de façon consciente. Les niveaux 1 à 3 permettent par exemple de réfréner une colère.

> **Pour vous libérer vite du stress, calmez-vous**

Stoppez, regardez et écoutez
Prendre le temps de s'intéresser à celui qui parle permet d'écouter efficacement.

Ecoutez votre voix intérieure

La personne avec laquelle vous parlez le plus, c'est vous-même. Votre voix intérieure est aussi votre critique et c'est elle qui agit lorsque vous dressez des conclusions et attribuez un sens à ce que dit quelqu'un. Elle tirera une conclusion négative si elle suppose que la personne qui parle veut vous dénigrer. La voix intérieure interrompt votre écoute en disant "Ce qu'il dit ne m'étonne pas. Il essaye de me faire mal voir par tout le monde et de mettre le retard sur mon dos."

> **Réfléchissez avant de répondre à votre voix intérieure**

Cette conclusion est peut-être fausse et l'erreur de jugement risque de vous faire perdre beaucoup d'énergie. Soumettez votre voix intérieure à la question : "Est-ce vrai ?" Cela vous permet de suspendre votre jugement et de garder l'esprit ouvert.

Organisez vos pensées

Une fois que vous avez repris le contrôle, vous pouvez organiser vos pensées en vous posant des questions pour faire le point avant de forger votre réponse. Comme vous avez su écouter correctement, vous êtes mieux placé pour participer. Les autres vont constater que vous encouragez les gens à partager leur point de vue, ce qui maintient ouvert le dialogue au sein de l'équipe ou en face à face.

Elaborez votre réponse

Une fois que vous avez repris votre calme, que votre écoute est au niveau 4 et 5, que vous contrôlez votre voix intérieure et que vous avez structuré vos pensées, vous pouvez trouver une réponse appropriée. Cette recherche de la réponse idéale se fait pratiquement sans effort car vous avez donné toute votre attention à quelqu'un et êtes resté dans l'instant présent en écoutant et en vous concentrant. L'autre personne sera ainsi tout à fait disposée à écouter votre point de vue et à mieux accepter vos paroles. Si nous appliquons la loi universelle de la cause et de l'effet aux interactions avec les autres, nous voyons quelle importance il y a à ralentir le rythme et à prendre conscience de ce que l'on fait. La dernière des quatre étapes du modèle CALM s'intéresse à la manière de réagir, et c'est le moment ou jamais d'essayer de faire bonne impression.

Plus vous prendrez l'habitude d'utiliser le processus CALM, plus vous verrez toutes vos conversations s'enrichir.

En prenant mieux conscience des origines et des motivations de l'autre personne, vous saurez répondre de façon précise.

J'ai vécu une longue vie et j'ai eu beaucoup de craintes dont la plupart se sont révélées infondées.

Mark Twain

Gérez les montées en pression

Savoir gérer la pression est fondamental et peut faire la différence entre un cauchemar et un rêve qui se concrétise. Vous devez découvrir les fondations de vos performances et quels obstacles viennent les affaiblir.

Quels sont vos obstacles ?

Vous débutez, souhaitons-le, chaque journée avec 100 % de votre potentiel. Si vous pouviez rester à ce niveau, tous les défis seraient aisés à relever. Hélas, de nombreux événements viennent grignoter vos performances au cours d'une journée. Vos performances réelles sont donc vos performances théoriques moins les interférences quotidiennes.

Réduisez les interférences

Dressez la liste de toutes les interférences que vous subissez au cours d'une journée : courriel, appels téléphoniques, circulaires, collègues qui vous interrompent, réunions qui s'éternisent ou commencent en retard, etc. Votre propre pensée peut également devenir un obstacle. Vous devez donc agir au niveau de chaque interférence pour en réduire l'impact. Décidez par exemple de n'ouvrir votre boîte de réception qu'une fois par heure et de ne répondre qu'aux messages urgents. Si vous travaillez sur un dossier qui demande toute votre concentration, basculez votre téléphone sur boîte vocale pendant une demi-heure. Ces petites précautions vont protéger votre niveau de performances.

ASTUCE Si l'on voulait planter un arbre il y a vingt ans, le meilleur moment pour le faire serait maintenant. Réduisez l'écart entre ce qui compte et la manière dont vous utilisez votre temps.

N'en faites pas trop

En reconnaissant que vous ne pouvez être efficace que sur une chose à la fois, vous réaliserez vos tâches de façon plus énergique. Evitez de vous disperser en ne faisant rien correctement.

Parler sans communiquer

Répondre au téléphone tout en écrivant un courriel résulte en une mauvaise conversation et un mauvais message. Faites une chose à la fois.

Ecouter sans entendre

En étant distrait par la rédaction du message, vous n'êtes pas concentré sur la conversation. Avant de l'envoyer, vous trouvez de nombreuses fautes dans le message.

Attention aux erreurs regrettables

Pire encore, vous risquez d'envoyer le message avec des erreurs que vous ne détecterez que dans la réponse. Personne ne gagne à trop jongler avec les tâches.

Chassez les soucis

Vous passez peut-être beaucoup de temps à vous inquiéter de choses qui peuvent ne jamais se produire. Adoptez une autre approche pour ne pas transformer ce comportement stérile en une habitude qui vous fera souffrir toute votre vie.

Retombez sur vos pieds

Imaginez que votre voiture vienne de tomber en panne alors que vous alliez faire des courses au supermarché. Au lieu de vous soucier de ne pas pouvoir préparer le repas du soir pour la famille, adoptez une pensée constructive.
Cherchez d'autres solutions :

- Demandez à un ami de vous accompagner au supermarché.
- Demandez à un membre de la famille de ramener quelque chose de facile à cuisiner en rentrant du travail.
- Empruntez un peu de nourriture au voisin.
- Commandez des plats préparés livrés à domicile.
- Improvisez en fouillant dans le congélateur.

Cherchez le côté positif
Concentrez-vous sur le bon côté de la vie et vous éviterez de perdre de précieuses heures en craintes stériles.

Etude de cas : voir la vie du bon côté

Eric se vantait auprès de ses amis de sa stratégie de crainte. Il craignait sans cesse de mauvais résultats, mais ses craintes ne se réalisaient quasiment jamais. Sa stratégie consistait à s'attendre au pire tout en espérant le meilleur, ce qui lui épargnait toute déception. Quelques déceptions en début de carrière lui avaient servi de prétexte pour adopter cette "manière de voir".
Un ami lui fit alors remarquer que son approche l'empêchait de profiter de nombreuses opportunités et d'exploiter tout son potentiel. Eric a réfléchi à ce conseil et a décidé d'espérer dorénavant le meilleur. Il avait toujours voulu monter sa propre entreprise. Six mois après avoir changé de manière de penser, il a sauté sur une occasion.

- *La stratégie de crainte d'Eric l'empêchait de réaliser son rêve et de profiter des opportunités de la vie.*
- *La nouvelle attitude positive qu'il a adoptée lui a permis d'essayer des choses, même avec un certain risque.*
- *Elle lui a de plus permis d'améliorer sa qualité de vie et ses relations.*
- *Pouvez-vous imaginer quelles opportunités d'actions nouvelles vous vous procurez en regardant le bon côté des choses ?*

Une fois que vous aurez adopté cette pensée constructive, vous pourrez agir au lieu de vous soucier. Cette manière de rebondir fonctionne même avec les soucis plus vagues. Si vous vous surprenez en train de craindre les conséquences d'une chose négative qui n'est pas survenue, utilisez la pensée constructive pour trouver des solutions afin de faire face. Une fois ce plan en place, revenez à l'instant présent et concentrez-vous sur ce qu'il y a à faire.

Eliminez la culpabilité

Un autre sentiment qui vous éloigne du présent est la culpabilité. Vous vous sentez coupable de ne pas avoir fait quelque chose, et cela ne fait que s'additionner au reste. Ce comportement peut à terme totalement vous paralyser. Supprimez toute notion de culpabilité de votre existence.

Agissez comme si c'était possible

Que vous cherchiez à obtenir une promotion au travail, à économiser pour un projet ou tout simplement à améliorer votre moyenne au marathon, faites comme si c'était possible. Vous prendrez ainsi assez confiance pour que cela se produise.

Tournez-vous vers le possible

Lorsque vous faites comme si quelque chose était possible, vous commencez à vous concentrer sur le projet et à vous comporter comme si la chose s'était déjà produite. Si vous voulez par exemple obtenir une promotion au travail, vous allez repérer toutes les occasions que vous auriez manquées si vous n'étiez pas concentré. Cette concentration positive transmet des messages à votre

Votre passé ne doit pas dicter votre futur

TECHNIQUES pratiques

Essayez d'attribuer des étiquettes positives à vous-même et aux autres.

Cherchez un nouveau point de vue en imaginant ce que vous penseriez de façon positive des autres en fonction de leur potentiel.

- Dressez la liste de tous les membres de votre famille, de vos amis et de vos collègues de travail.
- Notez pour chacun ce que vous pensez être ses points forts et ses points faibles.

- Questionnez ensuite l'opinion que vous venez d'avoir. Vous avez peut-être fait une erreur de jugement ou la personne a évolué entre-temps ?
- Décidez qu'à l'avenir vous remettrez toujours en question les jugements que vous appliquez à vous-même et aux autres.
- Commencez à chercher des opportunités pour avoir des jugements positifs.
- Remerciez les autres pour leur jugement positif à votre égard.

intellect et vous commencez à vous vêtir, à parler, à vous sentir et à penser comme si vous étiez déjà la personne que vous rêvez de devenir. Ce comportement positif dans un but précis va vous conditionner pour réussir. Les gens autour de vous vont remarquer que vous êtes plus enthousiaste dans votre approche. Avant que vous vous en rendiez compte, vous obtiendrez la promotion tant désirée.

Prenez confiance

Souvent, on hésite à faire le premier pas vers un objectif par manque de confiance. Même si vous avez une expérience tout à fait respectable au niveau professionnel, ce manque de confiance vous empêche d'exploiter tout votre potentiel. Vous avez bien sûr atteint certains de vos objectifs, en en manquant d'autres. Il faut chercher à tirer une leçon de toute tentative ayant échoué, sans pour autant porter vos échecs comme un fardeau. Ce n'est pas parce que vous avez failli une fois dans le passé que vous n'allez pas réussir à l'avenir.

> L'intellect est comme un parachute. Il ne fonctionne que lorsqu'il est ouvert.
>
> James Dewar

Croyez en vous !

Il est possible que vous ne soyez pas prêt à parier sur vous-même ni encore capable de concrétiser vos rêves. C'est une question de confiance en soi. Votre niveau de confiance soit vous permettra d'être propulsé vers l'avant, soit vous fera abandonner tout espoir d'atteindre votre but. Cela ne dépend pas de ce que les autres pensent de vous. Seule compte l'opinion que vous vous forgez à votre sujet.

- Il n'y a personne comme vous. Vous êtes unique.
- Vous avez le même potentiel que n'importe quelle autre personne pour faire de grandes choses.
- Vous avez des talents cachés tout au fond de vous qui attendent d'être découverts.
- Respectez votre personne.

Il existe une foule de gens célèbres qui, contre toute attente, ont surmonté les obstacles, qu'ils soient liés à leurs parents, leurs enseignants ou leurs collègues de travail. On parle alors de résilience. Toutes ces personnes ont en commun une forte foi dans leurs capacités. Dites-vous bien que c'est peut-être votre manque de confiance dans vos capacités à faire de grandes choses qui vous empêche de faire le premier pas en direction de vos objectifs et de vos rêves dans la vie.

Visez haut   Avec l'entraînement et l'équipement adéquats, vous réussirez ce que vous pensiez impossible.

Des affirmations efficaces

IMPACT FORT

- Je sais gérer mon travail sous pression
- Je suis confiant et enthousiaste devant un auditoire
- Je me sens énergique et en pleine forme
- J'aime le sport et adore apprendre de nouvelles choses
- Je sais gagner l'argent dont j'ai besoin

IMPACT FAIBLE

- Je craque toujours sous la pression
- Je ne suis pas doué pour parler en public
- A 54 ans, je suis devenu fatigué et rigide
- Je suis nul en sport et je n'essaye même plus
- Je ne sais pas pourquoi, mais je n'ai jamais assez d'argent

---

Vers un respect de soi inébranlable

Votre estime de vous a subi l'influence des croyances négatives et positives de vos parents. Une fois adulte, c'est à vous de choisir de croire en vous et de devenir pleinement responsable de votre situation actuelle. Utilisez les croyances positives de vos parents mais supprimez toute influence de leurs croyances bloquantes. Il n'y a aucun intérêt à ressasser le passé lorsque vous tentez de faire avancer votre vie.

Entraînez-vous à affirmer

Les affirmations du style méthode Coué sont des phrases d'autosuggestion. Vous en utilisez certainement, mais il est possible qu'elles soient négatives. Voici comment faire travailler des affirmations pour votre bénéfice :

- Formulez vos messages comme si l'action désirée était déjà en cours.
- Adoptez un ton positif en répétant le message trois ou quatre fois tous les jours pendant au moins un mois.
- Si vous le voulez, regardez-vous dans un miroir et souriez pendant que vous répétez votre affirmation.

L'effort conscient consistant à répéter une affirmation finit par être remarqué par votre inconscient, et vous envisagez ensuite naturellement la situation de façon positive.

Synthèse : prendre les commandes

Pour réussir, vous devez reprendre les commandes de vous-même, repérer les obstacles qui vous empêchent de progresser et apprendre à les surmonter. Vous devez transformer le négatif en positif et exploiter toutes les possibilités. Améliorez votre rapport au monde en en apprenant plus à votre sujet, en devenant confiant et en vous estimant.

Apprendre à être positif

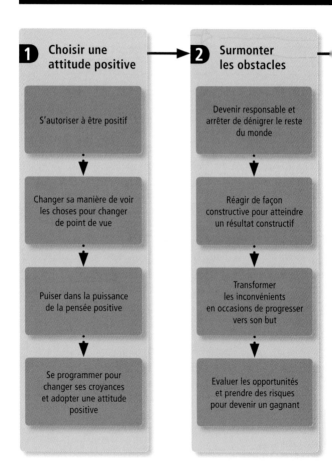

1 Choisir une attitude positive

S'autoriser à être positif

Changer sa manière de voir les choses pour changer de point de vue

Puiser dans la puissance de la pensée positive

Se programmer pour changer ses croyances et adopter une attitude positive

2 Surmonter les obstacles

Devenir responsable et arrêter de dénigrer le reste du monde

Réagir de façon constructive pour atteindre un résultat constructif

Transformer les inconvénients en occasions de progresser vers son but

Evaluer les opportunités et prendre des risques pour devenir un gagnant

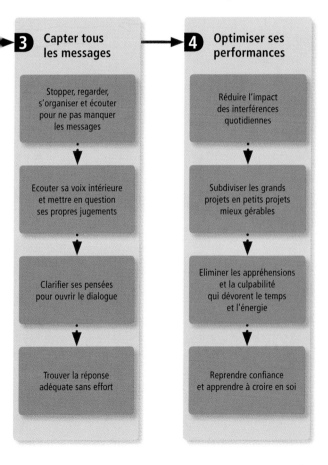

3 Capter tous les messages → **4** Optimiser ses performances

3 Capter tous les messages	**4** Optimiser ses performances
Stopper, regarder, s'organiser et écouter pour ne pas manquer les messages	Réduire l'impact des interférences quotidiennes
Ecouter sa voix intérieure et mettre en question ses propres jugements	Subdiviser les grands projets en petits projets mieux gérables
Clarifier ses pensées pour ouvrir le dialogue	Eliminer les appréhensions et la culpabilité qui dévorent le temps et l'énergie
Trouver la réponse adéquate sans effort	Reprendre confiance et apprendre à croire en soi

Entraînez votre mental 4

Plus vous entraînez votre mental, plus il devient efficace. Vous pouvez exercer vos muscles intellectuels pour en tirer le maximum de puissance. Adoptez des techniques pour développer votre mémoire, trouver des solutions créatives, augmenter vos capacités de communication et améliorer vos performances.

Ce chapitre vous montre comment :

- Adopter des techniques ingénieuses pour augmenter votre mémoire
- Apprendre à penser de façon créative pour trouver de nouvelles solutions
- Exprimer clairement votre pensée
- Utiliser le pouvoir de la visualisation

Augmentez votre mémoire

Une des solutions les plus simples pour augmenter sa mémoire est d'entraîner son intellect. La méthode classique consiste à travailler par répétition, mais elle est peu efficace et d'autres techniques sont plus puissantes.

Utilisez vos deux hémisphères

Chacun a un hémisphère cérébral prédominant. Si vous êtes plutôt "hémisphère gauche", vous avez intérêt à chercher à devenir plus créatif pour utiliser la totalité de votre cerveau pour penser et apprendre. Si vous êtes plutôt "hémisphère droit", cherchez à renforcer vos capacités de raisonnement logique.

Entraînez votre mental pour muscler votre mémoire

Votre mémoire à long terme

La mémoire à court terme est la seule impliquée lorsqu'on dit que les choses entrent par une oreille et sortent par l'autre. Pour que les nouvelles informations soient gravées dans votre mémoire à long terme, il faut créer des relations qui ont du sens et des représentations mentales.

Pensez
SMART

Voici quelques techniques pour augmenter votre mémorisation et vos souvenirs.

Cherchez à être précis dans les informations. Faites des pauses puis révisez ce que vous avez appris et refaites un test. Associez les nouvelles données à un contexte et essayez de les insérer dans une vision plus globale. Utilisez les techniques mnémoniques telles que les rimes et les associations et mettez à profit tous vos sens.

Créez des images riches

Dans cet exercice, essayez de mémoriser la liste des mots qui suit. Vous allez pouvoir vous souvenir de toute la liste ou pas. Sachez qu'en moyenne, le score est d'environ 30%.

- Arbre
- Chien
- Stylo
- Voiture
- Autoroute

- Argent
- Feu rouge
- Canapé
- Gâteau
- Exercice

- Chaise
- Portefeuille
- Table
- Livre
- Lac

1 Maintenant, relisez la liste mais en créant une image mentale pour chaque objet. Si vous testez votre mémorisation, il est probable que le score ait doublé.

2 Regardez à nouveau la liste en créant une image encore plus détaillée afin d'augmenter votre taux de rappel, les informations étant mieux stockées dans la mémoire à long terme. Vous pouvez par exemple imaginer que l'arbre ait des feuilles ou pas ou le voir grand ou petit, seul ou dans une forêt. Imaginez qu'il porte un nid. L'arbre est-il droit ou a-t-il été penché par le vent ? Quelqu'un y a-t-il construit une cabane ?

Ainsi, si vous lisez un livre qui contient beaucoup d'informations à mémoriser, vous y parviendrez bien mieux si vous prenez des notes à la fin de chaque chapitre. Vous pouvez même classer les informations au fur et à mesure de la lecture. Tout effort volontaire de traitement de l'information permet de mieux mémoriser. Le simple fait de noter ces informations les grave plus durablement dans la mémoire. Et en classant ces données, l'effet est amplifié car cela crée plus de connexions avec votre mémoire à long terme.

Mieux vous souvenir

Même si vous pensez être peu doué pour vous souvenir des choses, vous pouvez mémoriser

Liste-trajet Remémorez-vous un trajet que vous faites habituellement en associant un élément d'une liste à un objet le long du trajet. Remémorez-vous ensuite le trajet pour vous souvenir des éléments de la liste.

des choses non apparentées puis les rappeler dans le bon ordre grâce aux associations mémoire. C'est une technique amusante pour stocker des données puis les rappeler. Servez-vous par exemple de ces associations : 1 = chien, 2 = nœud, 3 = doigt, 4 = plâtre, 5 = trinque, 6 = saucisse, 7 = chaussette, 8 = fuite, 9 = œufs, 10 = vis. Vous devez d'abord vous souvenir des associations, mais c'est très simple puisqu'elles riment. Essayez ensuite de créer des connexions visuelles amusantes et bizarres. Pour 1, imaginez que vous vous êtes déguisé en chien avec le mot à mémoriser écrit sur votre chapeau. Pour 3, imaginez que vous avez de très longs doigts aux deux mains. Une fois que vous avez créé une association visuelle forte, il suffit de vous en servir ensuite pour mémoriser des listes, par exemple les points clés de votre prochaine présentation.

> **Une des plus grandes découvertes que chaque homme fait, à sa plus grande surprise, est qu'il peut réaliser ce qu'il avait peur de ne pas réussir.**
>
> Henry Ford

Les phrases mnémoniques

Un outil de mémorisation très répandu consiste à mémoriser une phrase dans laquelle la première lettre de chaque mot correspond à une des lettres du mot à mémoriser. Pour se souvenir des premières décimales du fameux nombre pi, tous les étudiants utilisent la phrase "Que j'aime à faire entendre ce nombre utile aux sages" (Que = 3, j = 1, aime = 4, etc.). De même, les musiciens se souviennent de l'ordre des bémols avec cette phrase croustillante : "Sa mère la racaille, saleté de fumier !" (si, mi, la, ré, sol, do, fa).

> **La technique permet d'améliorer le rappel des souvenirs**

TECHNIQUES pratiques

Une autre technique pour mémoriser consiste à relier un élément de la liste au suivant par une histoire imagée.

Votre histoire doit être la plus absurde possible car cela la rendra plus facilement mémorisable.

- A partir de votre liste, vous pouvez commencer par un sapin de Noël planté au milieu d'un champ de boue. Un caniche bien peigné avec un ruban bleu et un collier en faux diamants est assis sous le sapin avec un stylo rouge dans la gueule. Terminez cette histoire puis remémorez-vous la liste.

- Testez la technique avec cette liste de huit mots : clefs de voiture, fenêtre, saucisse, éclair, café, policier, peigne et marionnette.

- Entraînez votre mémoire en partant d'une liste de mots piochés au hasard en ouvrant le dictionnaire.

- Si vous faites un voyage en famille, utilisez une liste de mots que chaque membre de la famille doit intégrer dans une histoire.

Soyez créatif

Etre créatif consiste autant à utiliser son imagination qu'à remettre en question la manière dont les choses sont faites pour trouver une approche meilleure et innovante.

La pensée créative

Quand vous étiez enfant, vous avez certainement utilisé votre imagination pour inventer de nouveaux jeux avec des amis ou des variantes aux jeux que vous connaissiez déjà. Ce talent de créativité est toujours en vous, mais il vous faudra peut-être faire quelques efforts pour le remettre en fonction s'il n'a pas servi depuis longtemps. Il vous aidera à trouver de nouvelles solutions à vos problèmes.

La pensée par "Et si ?"

Vous pouvez libérer votre créativité en surmontant les obstacles qui vous empêchent de trouver de nouvelles solutions en appliquant la technique du questionnement par simulation "Et si ?".

→ Supposez qu'il y a un problème dans votre service qui empêche l'entreprise d'être plus rentable.

→ Vous avez cherché des solutions mais vous vous êtes retrouvé bloqué pour des raisons budgétaires, par manque de personnel, d'équipement inadéquat ou de temps.

→ Changez votre manière de penser : demandez-vous "Et si nous avions le budget, le personnel, l'équipement et le temps ?"

Les questions de simulation suppriment les obstacles qui vous empêchent d'inventer de nouvelles réponses. Elles libèrent votre pensée créative qui peut alors fonctionner à plein régime. Ce genre de suppositions permet d'amener votre pensée où bon vous semble.

Reconditionnez-vous

L'un des principaux obstacles à la pensée créative est le conditionnement mental. Les instances éducatives en ont aujourd'hui pris conscience et s'orientent vers des techniques d'apprentissage global. Si vous n'avez pas suivi une telle éducation, vous avez certainement privilégié l'un de vos deux hémisphères cérébraux, le gauche se chargeant de la logique et le droit de la création. Vous avez peut-être pris l'habitude de ne jamais remettre en question un point de vue établi et d'accepter les choses telles qu'elles sont. Ce conditionnement vous empêche de pouvoir penser différemment et de transformer radicalement la façon dont vous envisagez les choses dans le futur. Mais il n'est jamais trop tard pour changer de manière de voir.

Des solutions inédites

Prenez conscience du conditionnement et détectez la raison pour laquelle les choses sont faites d'une certaine manière

Questionnez votre mode de pensée pour acquérir une pensée plus créative

Apprenez à penser autrement pour trouver d'autres moyens d'atteindre les résultats désirés

Exploitez cette nouvelle manière créative et non limitée pour trouver de nouvelles solutions

---

Pensée créative

IMPACT FORT

- Créativité de l'enfant
- Penser sans limites
- Penser autrement
- Penser avec ambition
- Supprimer les obstacles

IMPACT FAIBLE

- Se fermer aux opportunités
- S'arrêter au premier obstacle
- Renforcer sa croyance à l'impossibilité
- Penser sans ambition

Acceptez de changer

S'il vous faut changer de manière de penser pour devenir plus créatif, commencez par accepter ce changement. Vous devrez apprendre à penser autrement si vous souhaitez réellement modifier un système qui est en place depuis des années, d'autant plus si ce système semble fonctionner correctement.

Pensez autrement

Découvrons un exercice, celui des neuf points, qui montre comment l'on peut acquérir une pensée globale pour penser tout autrement.

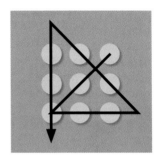

- Copiez ce tableau de neuf points sur une feuille de papier. Reliez les neufs points avec seulement quatre lignes droites sans lever le crayon ni passer deux fois au même endroit. Pour prendre une image concrète, imaginez qu'il s'agisse d'un schéma de vos objectifs professionnels des douze derniers mois. Vous devez relier tous les points avec quatre segments pour rester compétitif.

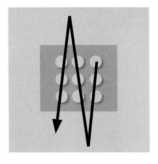

- Changez maintenant votre contexte de simulation. Pour rester compétitif, vous devez

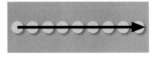

Les neuf points
Vous devez tracer le minimum de traits pour relier tous les points. Soyez créatif : ils peuvent ne pas passer par le centre de chaque point. Plus fort, vous pouvez même réaligner tous les points !

La manipulation des variables qui détermine une situation s'applique tout autant aux décisions quotidiennes de votre vie privée.

Imaginez que vous prépariez un grand voyage en famille. Les variables sont la destination, le mode de transport, le type de vacances (activité ou relaxation) et le budget. Si vous comptez aller loin, le budget sera élevé. Pensez autrement en imaginant une autre manière de boucler votre budget. Si le temps n'est pas compté, vous pourriez prendre le train au lieu de l'avion. Pourquoi ne pas envisager une activité légère sur place ou vous intégrer à une mission humanitaire pour rendre le voyage plus accessible ?

joindre tous les points avec trois segments de droites seulement.

- Enfin, la situation devenant plus ardue, vous devez essayer de joindre tous les points avec un seul segment.

En faisant l'exercice, vous découvrez que sa difficulté augmente et que vous devez étudier toutes les variables qui jouent sur le résultat. Ces variables sont le papier, le stylo et les points. Pour trouver une solution, vous devez voir comment vous pouvez influer sur chaque variable. Vous avez aussi le droit de couper le papier, le plier, utiliser un stylo plus épais, faire les points plus gros, voire les déplacer. Lorsque vous étudierez les variables déterminantes dans n'importe quelle autre situation, vous penserez à appliquer le même raisonnement pour trouver des solutions originales au problème.

> **Chaque joueur doit accepter les cartes que le destin lui distribue. Une fois qu'il les a en mains, il est seul à décider comment les jouer pour gagner la partie.**
>
> D'après Voltaire

Communiquez mieux

Vous pourrez vérifier que vous savez bien communiquer en écoutant les réponses qu'on vous donne. N'espérez pas être compris si vous communiquez mal.

Dix grandes astuces de discours

Quelques règles simples s'appliquent, que vous parliez à une personne ou à un groupe :

- Sachez d'abord ce que vous voulez dire.
- Croyez en votre message.
- Sachez ce que l'auditeur désire entendre.

Les points suivants sont également importants :

- Soyez conscient des conséquences des messages clés.
- Evitez le jargon.
- Faites aussi des gestes et regardez l'auditoire.
- Variez le rythme, le volume et le ton.
- Posez des questions.
- Agrémentez d'un peu d'humour.
- Illustrez le tout par des histoires et des anecdotes.

Dans une présentation d'entreprise, renforcez l'impact du discours avec de la musique ou un diaporama. Présentez bien le contexte au préalable (la synthèse de ce que vous allez dire).

Utilisez l'humour Si c'est approprié, n'hésitez pas à ajouter une pointe d'humour à votre présentation. Les gens se souviendront mieux de vous.

La clarté du cristal

Le manque de clarté est le principal obstacle à une bonne communication. Votre auditoire peut être perplexe même si vous croyez avoir bien communiqué. Cela l'empêche de savoir comment traiter ce que vous venez de lui transmettre.

Apprenez absolument à adapter votre langage à l'auditoire. Il ne s'agit pas de chercher à parler en anglais ou en italien mais de choisir les mots et les exemples que l'auditoire peut comprendre.

Chacun de nous à des voies privilégiées pour recevoir et donner des informations. Les trois plus répandues sont la voie visuelle, la voie auditive et la voie kinesthésique. Voici des exemples tirés du quotidien :

→ **Visuel.** "Si vous regardez la prochaine diapositive, vous aurez une idée de notre vision globale."

→ **Auditif.** "Vous ne semblez pas pouvoir entendre cela ; je pense que vous aimeriez entendre ceci."

→ **Kinesthésique.** "Je sens que vous n'êtes pas sûr de ce point."

Expressions fréquentes

VISUEL	AUDITIF	KINESTHESIQUE
• Sans l'ombre d'un doute	• Je ne l'entends pas ainsi	• Il traîne un peu des pieds
• Vue d'avion	• Au premier coup de gong	• Cela me pèse
• Je ne vois pas	• Tenir sa langue	• Je me sens abattu
• Dans les yeux	• Je vous entends bien	• Je sens que vous n'êtes pas satisfait
• A la lumière de quoi	• Sa langue a fourché	• C'est un instinct
• Vision mentale	• Cela sonne bien	• Je suis plongé dans le problème
• Brosser un tableau	• Je dois mettre un bémol	• Ce sujet est très chaud
• Prendre une image	• Travailler en chœur	• La pression monte
• Un éclairage	• Une évidence criante	• Il est tout feu tout flamme
• Un regard neuf	• J'entends bien ce que vous dites	• Se pencher sur le problème
• Cela ne les regarde pas	• Leurs oreilles doivent siffler	
• Une vue d'ensemble		
• Le voir c'est le croire		

Références internes ou externes

Avant d'adresser la parole à votre interlocuteur, il est conseillé de chercher à savoir s'il utilise des références internes ou externes. Une personne dont les références sont internes s'est forgé une opinion à son propre sujet et sur la manière dont elle fait son travail. Elle est souvent autonome mais accepte moins les avis des autres.

- Une telle personne répond aisément aux questions portant sur le déroulement de son travail et les domaines qu'elle pense pouvoir améliorer.

- Elle réagira moins bien quand elle devra écouter ce que les autres pensent de ses performances. Même si les avis sont positifs, elle aura tendance à croire que vous ne cherchez qu'à la flatter.

Les individus dont les références sont externes sont plus dépendants des opinions des autres concernant leurs performances. Ils risquent de tomber dans le piège d'être sans cesse subordonnés à un avis pour se sentir à l'aise.

5 minutes

Lors de votre prochaine réunion, observez le langage utilisé par chacun.

- Dressez la liste des noms et cherchez à savoir si chacun a des références internes ou externes.

- Attribuez à chacun la lettre V (visuel), A (auditif) ou K (kinesthésique) en fonction des mots qu'il emploie.

- Une personne à références externes veut savoir ce que l'on pense de ce qu'elle fait.

- Elle est mal à l'aise pour évaluer elle-même ses performances, car elle s'inquiète de ce que les autres vont en penser.

Déroulez vos préliminaires

Que vous vous prépariez à prendre la parole lors d'une conférence ou à annoncer une information difficile à un membre de votre équipe, vous devez annoncer vos préliminaires pour atteindre votre objectif. Il s'agit d'une synthèse de ce dont vous allez parler et qui va planter le décor pour que tout le monde sache où vous voulez aller.

Vous pouvez prévoir quelques points marquants pour indiquer la trajectoire prévue. Les gens seront ainsi mieux préparés à vous suivre. Cette phase préliminaire vous permettra en outre de structurer votre présentation ou votre déclaration pour montrer quelle sera la teneur de votre discours et quels en seront les points clés.

Amplifiez vos interactions

Les grands orateurs, quel que soit le domaine, peuvent vous donner des astuces pour transmettre efficacement vos messages. Un acteur ou un présentateur peut avoir un style ou des manières qui vous inspirent. Cherchez aussi dans les livres. Adoptez la stratégie en trois phases consistant à gagner, à apprendre et à changer (savoir où sont vos gains, apprendre de votre expérience puis changer pour mieux réussir la prochaine fois). Notez aussi des citations que vous pourrez tester à l'occasion.

ASTUCE   **Prenez le temps d'annoncer vos préliminaires en vous concentrant sur le résultat que vous désirez obtenir.**

Les pouvoirs de la représentation mentale

Le 6 mai 1954, Roger Bannister a été le premier humain à courir le mile (1 609 m) en moins de 4 minutes. Il s'était imaginé des centaines de fois en train de réussir.

Exploitez votre imagination

Imaginez que vous tenez un citron. Vous sentez son aspect cireux. Vous le coupez en deux puis vous en pressez le jus sur une salade. Vous sentez son odeur caractéristique et cela vous donne envie de mordre dedans.

Visualisez le succès pour l'atteindre

Pendant que vous mordez, l'odeur devient encore plus forte et le jus coule de vos lèvres. Pendant que vous lisiez cela, vous avez peut-être salivé et essayé de vous libérer du goût acide en bouche ? Si c'est le cas, vous venez d'utiliser votre imagination pour créer la représentation mentale d'un

Etude de cas : changer l'horizon

Nathalie a essayé de nombreuses fois d'arrêter de fumer. Déçue de sa faiblesse mentale, elle a demandé conseil à un cousin qui avait réussi à arrêter quelques mois auparavant. Celui-ci lui proposa de cesser de se concentrer sur les dégâts du tabac et d'envisager plutôt les avantages de l'arrêt. Nathalie a alors choisi une date pour arrêter puis s'est représentée non fumeuse pendant une semaine avant. Chaque fois qu'elle prenait une cigarette, elle se visualisait en tant que non-fumeuse. Elle commençait à sentir la fraîcheur dans ses cheveux et dans son haleine, la douceur de la peau autour des yeux et de la bouche, l'absence de traces de nicotine sur ses doigts et ses dents. Le jour venu, Nathalie s'est lancée.

• *En se représentant ce que serait sa vie sans cigarettes, Nathalie a pu trouver la force et la résolution pour arrêter.*

• *Au bout de six semaines, ses dents étaient redevenues blanches et elle s'est inscrite à un club de gymnastique.*

• *Au bout d'un an sans tabac, elle se sentait vraiment mieux et a commencé à s'intéresser à la gastronomie.*

événement. La visualisation vous permet d'amplifier tous vos sens et de reproduire des

Visualisez votre but Imaginez votre but sous différentes perspectives, la vôtre et celles de ceux qui vous regardent.

résultats concrets tout en restant assis dans votre fauteuil.

Répétez mentalement

La représentation mentale est une technique très répandue chez tous les gagnants dans tous les domaines.

La recherche scientifique a d'ailleurs découvert des preuves corroborant la puissance de cette technique.

- Grâce aux systèmes d'imagerie médicale modernes, des chercheurs ont étudié un sportif bardé de capteurs déambulant sur un terrain de basket. Ils ont ainsi analysé quels muscles étaient sollicités lorsque le sportif allait d'un point A à un point B.
- En utilisant le même équipement avec des électrodes, les chercheurs ont demandé à la même personne allongée de visualiser le même parcours. Ils ont constaté que les mêmes muscles étaient déclenchés dans le cerveau, dans la même séquence.

Visualisez le succès

Imaginez que vous avez à prononcer un discours important mais que vous n'avez encore jamais fait face à tant de gens à la fois. La visualisation va vous permettre de dérouler tout le processus de façon mentale. Cette représentation mentale va englober votre trajet jusqu'à la salle, la façon dont vous vous habillerez, les gens que vous allez rencontrer pendant la journée, la disposition de la salle, l'apparence de l'auditoire (décontracté ou strict), l'heure du jour, les histoires que vous allez raconter et comment vous allez vous sentir. Visualisez aussi :

- la personne qui va vous présenter ;
- le type de microphone (classique, sans fil ou cravate) ;
- les supports visuels prévus (diaporama, etc.) ;
- l'ordre dans lequel vous utiliserez ces supports visuels.

Une fois que vous êtes sur place, asseyez-vous dans la salle et imaginez-vous sur scène en train de faire votre introduction en toute confiance et de réaliser une excellente prestation devant un auditoire réceptif et enthousiaste.

Entraînez votre mental

Votre mental peut être entraîné pour gérer n'importe quelle situation gênante en lui faisant visualiser un résultat positif. Les athlètes qui doivent supporter la douleur pendant des épreuves d'endurance telles que les marathons trompent leur esprit sur l'intensité de cette douleur. Ils s'entraînent en participant à des épreuves plus longues et plus douloureuses que celle qu'ils auront à réussir. Plus ils font d'entraînements dans ce style, mieux ils sont préparés à gérer l'apparition de la douleur le jour de la course.

5 minutes

Si vous dressez des listes d'actions mais n'agissez jamais, essayez la visualisation.

- Lisez votre liste, repérez les priorités et concentrez-vous sur le premier élément.
- Visualisez chaque étape de l'action.
- Visualisez le résultat positif.
- Imaginez-vous après avoir réussi.

Plongez dans l'arène

Imaginez que vous attendiez d'être appelé pour la finale d'un 100 mètres international. Vous avez fait votre échauffement, vous vous êtes alimenté au bon moment pour être bien rechargé et vous êtes fin prêt.

Dès que le présentateur annonce l'événement, vous vous sentez bien. Vous êtes dans l'action. Vous n'avez jamais participé à une compétition aussi importante mais vous avez déroulé la course des centaines de fois par imagination. Votre visualisation mentale a répondu à toutes ces questions :

→ Combien de temps devrai-je attendre avant le signal de départ ?

→ Dans quel couloir je serai ?

→ Quels seront mes concurrents et lesquels seront à côté de moi ?

→ Quelle sera la météo ?

→ A quoi ressemblera la rumeur de la foule ? Quels autres bruits vais-je entendre ?

→ A quoi ressemble un stade plein à craquer ?

→ Quelles seront les odeurs ?

→ Quelle préparation vais-je réaliser dans le stade ?

→ Quel sentiment a-t-on lorsqu'on gagne ?

Plus vivante sera l'image de réussite que vous allez vous forger, plus vous aurez de chances de gagner. Si vous voulez acquérir un avantage compétitif, la représentation mentale servira à englober les choses inconnues dans des choses connues. Plus vous pratiquerez la visualisation, plus vite elle fera partie de vos techniques habituelles.

Visualisez

Visualisez mentalement la réussite

Visualisez le lieu de la réalisation

Concentrez-vous sur la préparation et les motivations

Voyez-vous réussir et gagner

Synthèse : déployer son mental

Ces exercices simples vous permettent d'entraîner votre intellect et d'acquérir des techniques utiles dans des situations concrètes. Vous allez augmenter votre capacité de mémorisation, apprendre à penser autrement pour résoudre les problèmes, maîtriser l'art de la communication et exploiter les techniques de représentation mentale de vos succès futurs.

Optimiser les pouvoirs de l'intellect

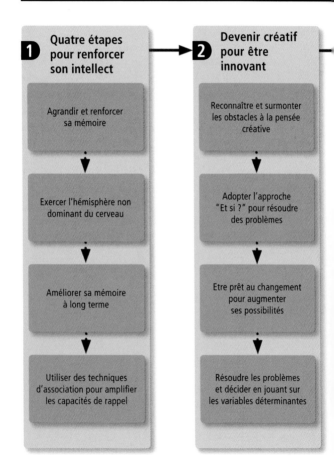

1 Quatre étapes pour renforcer son intellect

Agrandir et renforcer sa mémoire

↓

Exercer l'hémisphère non dominant du cerveau

↓

Améliorer sa mémoire à long terme

↓

Utiliser des techniques d'association pour amplifier les capacités de rappel

2 Devenir créatif pour être innovant

Reconnaître et surmonter les obstacles à la pensée créative

↓

Adopter l'approche "Et si ?" pour résoudre des problèmes

↓

Etre prêt au changement pour augmenter ses possibilités

↓

Résoudre les problèmes et décider en jouant sur les variables déterminantes

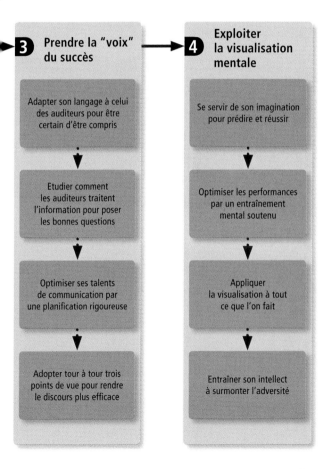

3 Prendre la "voix" du succès

Adapter son langage à celui des auditeurs pour être certain d'être compris

↓

Etudier comment les auditeurs traitent l'information pour poser les bonnes questions

↓

Optimiser ses talents de communication par une planification rigoureuse

↓

Adopter tour à tour trois points de vue pour rendre le discours plus efficace

4 Exploiter la visualisation mentale

Se servir de son imagination pour prédire et réussir

↓

Optimiser les performances par un entraînement mental soutenu

↓

Appliquer la visualisation à tout ce que l'on fait

↓

Entraîner son intellect à surmonter l'adversité

5

Le mental guide le corps

Ce livre vous a aidé à savoir si c'est votre mental qui vous contrôle ou si c'est vous qui le contrôlez. Au cours de ce dernier chapitre, nous allons voir comment découvrir ce qu'on veut et s'entraîner pour atteindre ses objectifs. Nous verrons de quelle manière interagir avec les autres, les influencer et bien choisir ses mots. Ce chapitre vous montre :

- Comment adopter un langage dynamique pour se motiver et motiver les autres
- Comment trouver son but puis organiser son existence pour le concrétiser
- Comment devenir son propre entraîneur
- Comment faire bonne impression et se montrer positif devant chaque personne rencontrée

Le pouvoir des mots

S'exprimer avec de mauvais termes entraîne souvent des incompréhensions. En améliorant le choix de vos mots, vous communiquerez plus clairement.

Visez ce que vous désirez

Lorsque vous vous concentrez sur ce que vous voulez, vous l'obtenez souvent. L'inverse est tout aussi vrai : lorsque vous vous concentrez sur ce que vous craignez, vos craintes se réalisent plus souvent. Et il n'est pas facile de savoir si on se concentre par erreur sur ce que l'on craint.

Adoptez un langage positif

Votre mental est un outil puissant qui déteste tous les aspects négatifs du langage. Cette puissance lui permet même de supprimer la tournure négative d'une expression. Si vous vous dites par exemple : "Je ne veux pas rater mon prochain objectif de vente", votre mental va supprimer la partie "ne veux pas" et vous laisse en mémoire "Je veux rater mon prochain objectif de vente." Ce n'est pas le but visé. Pour vous donner les meilleures chances d'atteindre votre objectif de vente, adoptez des formulations positives comme "Je veux

Attitude positive Vous pouvez encourager un individu ou un groupe à donner le meilleur en vous concentrant sur ce qui fonctionne avec un langage positif.

atteindre mon prochain objectif de vente" ou, mieux encore, "Je **vais** atteindre mon prochain objectif de vente."

Langages et contextes culturels

Lorsqu'un Américain dit à ses invités "Would you like to wash up ?", il leur propose de se laver les mains avant de passer à table. Cela entraîne de cocasses confusions chez les anglophones débutants qui pensent que leur hôte leur propose de faire la vaisselle. Gardez-vous de ce genre d'ambiguïtés en prenant conscience du sens des mots et des phrases dans les autres contextes culturels.

5 minutes

Si vous vous sentez vraiment abattu par une situation difficile au travail, essayez d'adopter une posture mentale positive.

- Imaginez comment vous vous sentiriez si tout allait bien.

- Entraînez-vous à dire aux gens à quel point tout va bien et pourquoi.

TECHNIQUES pratiques

Essayez de répondre de façon positive lorsqu'on vous demande comment vous allez. Évitez les réponses banales du style "Tout va bien" ou "Cela pourrait être pire." Elles ne vous donnent pas d'énergie et vont affaiblir votre tonus mental et celui de l'autre personne.

Réagissez de façon énergique quand vous vous sentez un peu faible. Votre mental est très doué pour se concentrer sur le côté positif, et cela aura un effet physiologique en libérant des endorphines qui augmenteront votre bien-être.

- Faites l'effort conscient de répondre positivement à tout le monde pendant une semaine.

- Utilisez des expressions du genre "super", "fantastique", "vraiment intéressant", "très très bien", "c'est une excellente journée", etc.

- Vérifiez quel est l'effet de ces réponses sur votre état actuel. Il est fort probable que vous commenciez à vous sentir presque immédiatement mieux.

Sachez ce que vous voulez

Si vous demandez à n'importe qui ce qu'il veut dans son existence, vous serez sans doute surpris de constater que la plupart des gens ont du mal à dresser la liste de ce qu'ils désirent avoir, être et faire. Vous donnez du sens à votre vie en lui trouvant une vraie utilité.

A quoi vous rendez-vous utile ?

Vous êtes-vous déjà demandé à quoi tout cela rime ? Pourquoi êtes-vous ici et pas ailleurs ? Etes-vous là pour réaliser quelque chose ? Ne peut-on pas imaginer autre chose dans la vie ? Vous n'êtes pas le seul à vous poser ces questions, et elles sont tout à fait légitimes. Vous êtes là pour une bonne raison. Si vous n'avez pas encore trouvé votre vocation, prenez le temps de réfléchir à ce que vous devez faire.

- Le sens de votre vie est ced qui vous donne de l'énergie et vous engage dans des choses que vous prenez vraiment plaisir à faire.
- Lorsque vous vivez dans cette voie, votre vie se déroule sans effort et tout semble facile.
- Une fois que vous aurez trouvé votre objectif, il vous sera plus facile de vous relever après une épreuve.

Pensez SMART

Même si vous êtes très occupé, prenez un peu de temps pour chercher ce qui compte pour vous afin de mieux organiser votre temps. Il est trop tentant de ne plus chercher à équilibrer sa vie sous prétexte que vous ne contrôlez plus votre agenda.

En détectant ce qui n'est ni urgent ni important, vous pouvez libérer du temps, par exemple pour apprendre une nouvelle langue ou jouer aux échecs avec votre fils. Une fois que vous savez cela, vous pouvez refuser de vous engager dans des actions moins importantes afin de préserver du temps pour ce qui compte vraiment pour vous.

Trouvez votre but

Vous souvenez-vous de ce que vous adoriez faire quand vous étiez adolescent ? Quelle activité vous absorbait au point d'en oublier la notion du temps ? Ou n'avez-vous fait que glisser bon an mal an de l'école à l'université puis à votre premier travail, et ainsi de suite ? C'est le cas de nombreuses personnes et c'est souvent le résultat d'une décision égoïste qui ne fait que vous éloigner de votre but et maintenir vos talents sous le boisseau. Peut-être ne savez-vous même plus quel est votre but. Plus vous approcherez des activités qui nourrissent votre vie intérieure par un travail que vous aimez, plus aisément vous trouverez le but de votre existence.

Errez-vous sans but ? Si vous vous sentez entraîné par les événements, l'heure est venue de réfléchir au but de votre existence.

ASTUCE **Si vous cherchez un sens à votre vie, naviguez sur le Web, visitez une bibliothèque, parlez à vos amis ou inscrivez-vous à un séminaire dans un domaine qui vous intéresse vraiment.**

Arbitrez vos engagements

Votre existence compte trois domaines fondamentaux : vous-même, votre famille et votre travail. Vous devez trouver une hiérarchie entre ces trois aspects en fonction de l'intérêt que vous y portez. Si vous avez un travail très prenant, vous le placerez sans doute en premier parce que vous y consacrez l'essentiel de votre temps et de votre énergie. Vous êtes certainement dans ce cas si vous apportez du travail à la maison tous les soirs au lieu de consacrer ce temps à votre famille.

Utilisez la roue de la vie

Soyez honnête quant au temps et à l'énergie que vous consacrez à chacun des trois domaines de votre existence (soi-même, famille et travail). Servez-vous du diagramme

Roue d'évaluation familiale

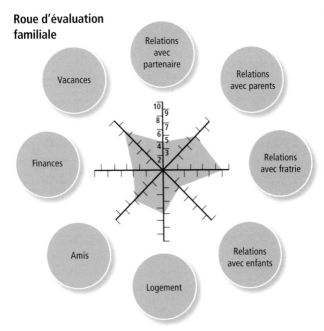

Visualisez vos valeurs Donnez une note entre 1 et 10 à chaque critère (1 = très peu géré, et 10 = pleinement géré).

Le pot d'adieu

Vous n'allez pas en une nuit trouver votre véritable objectif
et redéfinir les priorités parmi tous les compartiments de votre
existence. De plus, une fois que vous aurez tout défini, les choses
auront évolué. Pour obtenir une image plus précise, essayez de
jouer au jeu du pot d'adieu.

Imaginez que vous deviez émigrer aux antipodes. Vous organisez
un pot d'adieu pendant lequel des discours sont prévus.

→ Qu'aimeriez-vous entendre à votre sujet de la part
   d'un membre de votre famille proche ?
→ De la part d'un ami proche ?
→ Et de la part d'un collègue de travail ?
→ A votre tour, que diriez-vous si vous deviez faire un discours ?

Cet exercice va vous permettre de voir quel genre de personne
vous désirez vraiment être. Il ne s'agit pas de vous décrire
dans les termes des autres, mais de faire exprimer l'idée intime
de ce que vous voulez être. Vous préféreriez peut-être entendre
dire que vous êtes "d'une compagnie agréable" plutôt que
"un voisin sans problème" ou bien "quelqu'un qui sait bien jouer
en équipe" plutôt que "celui qui reste toujours après
pour ranger" ?

de la roue de cette page pour analyser les détails de chaque
domaine. L'exemple montre la roue pour la famille.
Vous pouvez adapter ce modèle pour créer les deux autres
roues (soi-même et le travail). Une fois que vous aurez
exploité les trois roues avec des notes, vous saurez vous
positionner dans chaque domaine par rapport à ce que vous
aimeriez être. Les trois roues vous aident à créer trois plans
de développement avec des durées pour atteindre
des objectifs. Pour chaque élément d'une roue, indiquez
les étapes qu'il faudra passer pour l'amener jusqu'à
la note maximale souhaitée.

Devenez votre entraîneur

Si vous adoptez un esprit ouvert, vous apprendrez plus vite et vous atteindrez plus vite vos objectifs. Avoir un esprit ouvert améliore toujours l'existence.

Utilisez un journal pour tout noter

Prenez l'habitude de tenir un journal pour y noter tous les aspects de votre existence. Vous pourrez ainsi détecter des comportements systématiques, indiquer vos objectifs et noter vos pensées. Ce journal vous fournira un rappel de vos états d'esprit à différents moments et vous permettra de vous souvenir d'éléments clés. Il soulage également le stress. Le simple fait de noter des choses permet de moins les garder en mémoire, toute cette mémorisation pouvant devenir une charge. Enfin, en notant vos objectifs, vous ne faites qu'augmenter vos chances de les atteindre.

5 minutes

Faites de la tenue de votre journal une véritable habitude en y réservant du temps.

- Choisissez le bon moment pour tenir votre journal. Cela peut être la dernière action avant de vous coucher ou pendant vos trajets.

- Réservez du temps pour le tenir jusqu'à que cela devienne habituel.

Commencez votre journal

Commencez par choisir le format physique de votre journal. Il est inutile de prendre un journal de grand format si vous comptez l'avoir toujours sur vous. Certaines personnes notent leurs idées dans un petit bloc-notes puis reportent au propre dans un journal. Il n'y a pas de règles particulières et vous pouvez tenir des journaux distincts pour votre travail et votre vie privée. Si cela vous convient, vous pouvez même demander à quelqu'un, un de vos enfants par exemple, de participer de temps à autre à l'un de vos journaux.

> **Certains voient les choses comme elles sont et se disent "Pourquoi ?" Moi je rêve à des choses qui n'existent pas en me disant "Pourquoi pas ?"** George Bernard Shaw

Concentrez-vous sur ce qui est réalisable

Il est fréquent d'être détourné de ses objectifs car la vie actuelle oblige à faire beaucoup de choses différentes dans une même journée. Trouver des excuses pour ne pas avoir fait quelque chose est très facile, mais il n'est pas plus compliqué de trouver des raisons de les faire.

Imaginez que vous êtes prêt à vous rendre à une réunion à l'étranger le lendemain matin et que vous avez réservé le dernier avion. Voici que ce vol est annulé. Si vous êtes négatif, vous allez sans doute annuler la réunion. Pensez aux autres solutions : vous pouvez peut-être y aller en train et malgré tout arriver à l'heure ou prendre un taxi pour partir d'un autre aéroport. En réfléchissant bien, vous découvrez des possibilités insoupçonnées. Il est toujours trop facile de se focaliser sur ce que l'on craint.

Un esprit ouvert vous ouvre de nouvelles possibilités

TECHNIQUES
pratiques

Utilisez un journal de crise pour les cas où vous êtes dans une mauvaise passe ou quand vous ne vous sentez pas très à l'aise.

- Divisez chaque page en trois colonnes. Dans la première, notez l'événement, la conversation, la décision ou la situation qui est la cause de vos pensées négatives.
- Dans la deuxième colonne, notez ces pensées.

- Cherchez alors des pensées et des sentiments positifs qui auraient pu être déclenchés par le contenu de la première colonne et notez-les dans la dernière.
- Lors de votre prochaine réaction négative à un événement, consultez la troisième colonne du journal pour vous rappeler les réactions positives envisagées.

Etude de cas : la vérité fait progresser

Raoul était un bon chef de ventes apprécié de son équipe. Il ne parvenait pourtant pas à obtenir de promotion. Il était efficace, avait fait ses preuves et atteignait toujours ses objectifs de vente, mais son point faible était la qualité de ses présentations dans les grandes conférences. Les gens s'attendaient à mieux de la part de quelqu'un de son niveau. Son supérieur lui faisait sans cesse des commentaires réconfortants du type "L'auditoire était difficile", "Tu as été obligé d'abréger parce que tout le monde était en retard" ou encore "Tu as fait passer l'essentiel". Un jour, un nouveau supérieur a été nommé, une personne qui avait beaucoup d'expérience dans les présentations solennelles. Elle a pu donner à Raoul des conseils constructifs qui lui ont permis de relancer sa carrière.

• La carrière de Raoul avait atteint un seuil parce que son supérieur ne lui donnait jamais de critiques constructives. Ses commentaires n'étaient jamais assez précis pour que Raoul puisse les exploiter pour s'améliorer.
• Son nouveau supérieur lui a prodigué les conseils qui lui manquaient et Raoul a su par la suite faire d'excellentes présentations.

Dites la vérité

Quand vous étiez enfant, votre innocence vous faisait toujours dire la vérité, jusqu'au jour où vous avez réalisé que vous pouviez vous sortir d'un mauvais pas en omettant certaines choses. Dans les faits, les mensonges, même par omission, ne vous libèrent nullement des soucis. Ils vous enfoncent de plus en plus dans les problèmes, parfois jusqu'au point où vous devez piteusement expliquer pourquoi vous avez tenté de cacher des choses.

Sachez être diplomate

La diplomatie est un art de la mesure. Trop de diplomatie peut aboutir à masquer la vérité, ce qui est souvent pratiqué dans les entreprises. N'ayez pas peur d'offrir voter aide à une personne si elle en a besoin. Elle est capable de supporter cette vérité. Soyez diplomate pour informer les gens d'une

ASTUCE Vous savez toujours si vous mentez, même
si vous êtes très fort pour le masquer aux autres et
à vous-même.

manière qui ne blesse pas leur confiance en eux tout
en les motivant pour améliorer leurs performances et mieux
réussir dans le futur. Etre diplomate, c'est être sensible
et s'adapter au contexte particulier de chaque situation.

Cherchez la vérité

Si vous vous forgez une réputation d'honnêteté, vous vous
placez en position de force pour inviter les autres à être
honnêtes aussi. Une méthode qui permet de s'approcher de
la vérité consiste à demander l'avis aux autres. Demandez
à vos collègues de porter un regard critique sur vous lorsque
vous êtes par exemple dans une phase de changement
stratégique. Demandez-leur de faire des critiques
constructives. Si quelqu'un vous dit que vous avez fait
du bon travail, demandez-lui
de préciser quelle partie
l'a le plus satisfait et quel
domaine vous pourriez
améliorer.

Interactions dynamiques
Un chef d'orchestre sait tirer le
meilleur de chacun des musiciens.
De même, vous devez savoir laisser
les autres juger de vos performances.

Inspirez-vous de l'excellence

Imaginez que vous vouliez démarrer une entreprise sans aucune expérience. Il vous sera utile de trouver quelqu'un qui possède cette expérience. Invitez-le à déjeuner.
Vous serez surpris de constater que vous retenez facilement comment il a procédé et ce qu'il a appris en route. Une fois que vous connaîtrez les pièges à éviter, vous serez beaucoup mieux préparé et vous saurez tracer votre route pour réaliser une excellente première année d'activité.

Inventez-vous un entraîneur

Si vous aviez un entraîneur à votre disposition pour vous aider à atteindre vos buts, il commencerait par supposer que vous avez déjà les solutions pour relever les défis et concrétiser vos rêves. Il vous poserait des questions insidieuses pour vous pousser à vous focaliser sur vos objectifs. Un bon entraîneur ne vous laisserait pas invoquer d'excuses. Il vous aiderait à rester concentré sur vos buts.

5 minutes

Consacrez un peu de temps chaque jour à renforcer vos points forts.

- Lisez des livres dans votre domaine d'activité.
- Ecoutez des cassettes audio d'experts.
- Faites le bilan de journée et de ce qui s'est bien passé.

Servez-vous de vos relations

Vous aurez rarement besoin de chercher en dehors de votre réseau d'amis et de collègues actuel pour trouver quelqu'un qui puisse vous venir en aide. Toutes les ressources dont vous avez besoin sont généralement à votre portée.
Vous n'aviez simplement jamais cherché à les repérer.
Une fois que vous êtes conscient de vos objectifs, vous trouvez naturellement les personnes et les choses dont vous avez besoin pour y parvenir.

ASTUCE
Intéressez-vous aux gens qui constituent votre réseau afin qu'ils soient prêts à vous venir en aide lorsque vous aurez besoin d'eux.

Un comité de direction virtuel

Toutes les entreprises qui réussissent sont pilotées par un comité de direction solide qui réunit des talents pour les conduire à travers les écueils qu'elles vont affronter. Ce sont ces personnes qui permettent aux entreprises d'aller de réussite en réussite.

Vous pouvez constituer un comité directeur imaginaire pour vous aider à prendre les décisions délicates. Vous vous inspirerez de ses conclusions pour affronter vos problèmes. Les personnes qui vont former ce comité imaginaire peuvent être réelles ou imaginaires, vivantes ou passées.

Une fois que vous avez formé votre comité, il suffit de l'interroger en vous demandant ce qu'il aurait décidé à votre place. Vous avez "nommé" des membres dont vous connaissez assez la personnalité pour imaginer comment ils réagiraient. N'hésitez pas à profiter de votre comité.

Choisissez vos héros

PERSONNAGES HISTORIQUES

- **Artistes** – Michel-Ange, Vermeer
- **Inventeurs** – Thomas Edison, Léonard De Vinci
- **Chefs militaires** – Alexandre le Grand, Jeanne d'Arc
- **Hommes politiques** – M. Gandhi, W. Churchill
- **Ecrivains** – Voltaire, Balzac

PERSONNALITÉS

- **Chefs d'entreprise** – Henry Ford, Antoine Riboud
- **Entrepreneurs** – Edouard Michelin, Bill Gates
- **Scientifiques** – Alexandre Fleming, Marie Curie
- **Sportifs** – Marcel Cerdan, Zinédine Zidane

PERSONNAGES DE FICTION

- **Dessins animés** – Kirikou, la Panthère rose
- **Films, livres et théâtre** – Cyrano de Bergerac, Rocky, Portia (William Shakespeare)

HÉROS PERSONNELS

- **Membres de la famille**
- **Anciens supérieurs**
- **Chef actuel**
- **Amis**
- **Connaissances**
- **Mentors**
- **Conseillers**
- **Professeur très apprécié**

Interagissez !

Dans ce monde frénétique, il n'est pas facile de prendre conscience de la façon dont la société influe sur votre mode de pensée et sur la manière dont vous entrez en interaction avec les autres.

Arrêtez d'avoir raison

Le désir d'avoir raison peut vous causer bien des soucis. En adoptant une posture rigide, vous ne pourrez pas prêter suffisamment attention au point de vue des autres.

Le meilleur moyen d'établir un bon rapport avec quelqu'un est de chercher à comprendre son point de vue. Si vous n'êtes pas d'accord, posez des questions pour comprendre ce qu'il croit et d'où provient sa conviction.

Ouvrez toutes vos conversations en ne cherchant pas à être dans la vérité, et sachez que vous n'êtes jamais qu'à une conversation de distance de la résolution d'un conflit. Cela vous permettra de vivre des interactions efficaces avec les autres.

> **Vous ne trouverez pas de remède en condamnant**

Souvenez-vous des noms

Comment vous sentez-vous lorsque quelqu'un oublie votre nom ? Vous n'êtes pas le seul si cela vous affecte.

Ceux qui réussissent font tous les efforts possibles pour se souvenir des gens qu'ils rencontrent, par exemple lorsqu'ils visitent une filiale ou lors d'une soirée. Ils se préparent en demandant les informations nécessaires avant de se rendre sur place. Vous pouvez faire de même avant vos réunions. Si vous prévoyez de rencontrer dix nouvelles personnes lors d'une formation, évitez de vous présenter tour à tour à chacune d'elles en essayant de vous souvenir de leurs noms. Vous n'y parviendrez sans doute pas. Abordez-les par groupe de deux ou trois, inscrivez leurs noms dans votre mémoire puis passez au groupe suivant.

Faites une bonne première impression

La première impression a beaucoup d'importance. Il faut donc la soigner. Vous devez bien sûr vous vêtir correctement, mais aussi adopter une attitude corporelle appropriée.

Les yeux dans les yeux
Etablissez un bon contact visuel pendant quelques secondes pour marquer votre honnêteté et votre ouverture. Votre enthousiasme se verra également. N'en abusez cependant pas.

Sachez sourire
Même si vous êtes soucieux ou nerveux, il faut savoir sourire lors du premier contact pour établir un lien immédiat (mais méfiez-vous de certaines habitudes culturelles en termes de sourire).

Créez un lien physique
Nous savons tous ce qu'est une mauvaise poignée de main, qu'elle soit molle ou que nous en conservions un souvenir plutôt vif. Contrôlez-vous en produisant un contact physique franc et direct.

Soyez positif

Lorsque vous commencez une discussion avec quelqu'un, amorcez par un sujet sur lequel vous êtes d'accord. Vous devez débuter avec une intention constructive afin de mettre en place une dynamique dans la conversation.

- Si vous engagez par quelque chose de litigieux, vous aurez du mal à établir un bon rapport. Si vous avez dit non à un certain moment, vous allez ensuite chercher à défendre votre position car vous ne voudrez pas baisser la garde.
- Si vous adoptez un motif d'affirmation, la psychologie est tout autre. L'interlocuteur va se sentir à l'aise et sera mieux disposé à répondre positivement. Il aura moins de mal à rester en termes amicaux avec vous.

La technique la plus efficace d'ouverture d'un dialogue consiste à aborder un sujet ne portant pas à controverse. Selon que la réponse est positive ou négative, vous adaptez votre question suivante. Il s'agit d'un processus subtil. Il est inutile d'envoyer une rafale de questions.

TECHNIQUES pratiques

Si vous avez tendance à oublier les noms, servez-vous de la technique suivante à chaque nouvelle rencontre.

1 Lorsque vous rencontrez une personne pour la première fois dans une réunion, passez un peu de temps à parler avec elle. Utilisez son nom plusieurs fois en cours de conversation, sans que cela paraisse artificiel. Redites enfin son nom lorsque vous la saluez en fin de soirée ou d'événement.

2 Trouvez ensuite un élément caractéristique de la personne et associez cette donnée à son nom, par exemple "Emile aux mille sourires" ou "Suzanne la grande âme".

3 Entraînez-vous avec un partenaire pour vérifier que vous avez bien mémorisé le nom.

4 Si vous participez à une réunion, faites un plan de salle et notez les noms des gens au fur et à mesure qu'ils sont mentionnés dans les conversations.

Etude de cas : s'ouvrir à l'autre

Thérèse et Jacques vivent ensemble depuis quelques années. Jacques est le meilleur en cuisine. Lorsqu'ils invitent des amis à dîner, il s'occupe de tout. Il a toujours prévenu qu'il lui fallait de l'espace et de la solitude pendant qu'il cuisinait. Thérèse s'éloignait et s'occupait de dresser la table et de préparer les apéritifs. Quand les invités repartaient, Jacques allait se coucher, laissant Thérèse tout débarrasser. Il ne lui avait jamais clairement dit qu'il supposait qu'elle allait s'occuper du rangement et a été très surpris lorsqu'elle lui fit part de son ressentiment. Il pensait que son attente avait été bien comprise. Ils se mirent alors d'accord sur un compromis : Jacques ferait la vaisselle pendant que Thérèse débarrasserait la table.

• En infligeant ses règles sans formuler ses attentes, Jacques a installé un conflit dans sa relation avec Thérèse par manque de clarté.
• Une fois que ses attentes ont été formalisées, le couple a pu se mettre d'accord sur une solution acceptable pour les deux.
• Ils ont ainsi pu engager une conversation constructive à propos d'autres aspects de leur relation et chacun est devenu plus conscient des règles et attentes de l'autre.

Tenez compte des règles et des attentes

Les relations humaines pâtissent souvent du fait que les gens ne partagent pas leurs règles et leurs attentes. Chaque interlocuteur doit avoir compris quelles règles sont en vigueur chez l'autre et quels comportements il considère acceptables. De nos jours, les entreprises comprennent de mieux en mieux l'importance de la prise de conscience par chacun de son contexte de travail. Les sociétés qui laissent les salariés dans l'ignorance de ce que l'on attend d'eux ne parviennent pas à les fidéliser et perdent beaucoup de temps en recrutement. Si vous voulez que vos relations personnelles s'épanouissent, vous devez faire connaître vos règles et vos attentes à ceux que cela concerne.

Synthèse : un mental puissant

Votre mental conduit votre vie là où vous voulez qu'elle aille. Vous devez découvrir la puissance des mots et vous en servir de façon positive. Déterminez ce que vous voulez vraiment et organisez-vuos pour atteindre vos buts. Exploitez votre puissance mentale pour avancer. Comprenez vos interactions avec les autres et améliorez l'impression que vous laissez.

Augmenter son potentiel

1 Renforcer sa vie par les mots

Utiliser des mots positifs pour se concentrer sur ses objectifs

Eviter les termes négatifs qui heurtent son propre mental

Ne pas se jeter sur les conclusions apparentes et savoir lire entre les lignes

S'entraîner à la concentration positive pour faire le plein d'énergie

2 Décider de la vie qu'on veut

Découvrir sa propre utilité pour sortir de l'ornière

Une fois qu'on sait ce qu'on veut, choisir ses objectifs

Se rendre la vie plus facile tout en progressant

Analyser puis rééquilibrer ses besoins

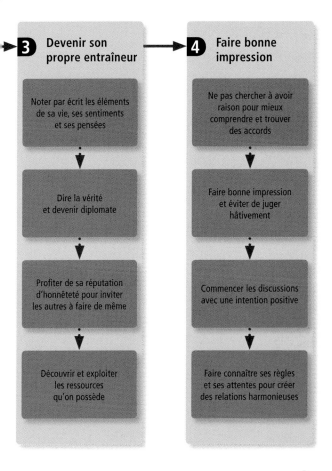

3 Devenir son propre entraîneur → **4** Faire bonne impression

Noter par écrit les éléments de sa vie, ses sentiments et ses pensées

↓

Dire la vérité et devenir diplomate

↓

Profiter de sa réputation d'honnêteté pour inviter les autres à faire de même

↓

Découvrir et exploiter les ressources qu'on possède

Ne pas chercher à avoir raison pour mieux comprendre et trouver des accords

↓

Faire bonne impression et éviter de juger hâtivement

↓

Commencer les discussions avec une intention positive

↓

Faire connaître ses règles et ses attentes pour créer des relations harmonieuses

Index

Crédits photographiques

L'éditeur tient à remercier les personnes et sociétés suivantes pour l'avoir autorisé à reproduire leurs photographies. Codes : (c) = centre, (d) = droite, (g) = gauche, (h) = haut, (b) = bas, (hg) = haut gauche, (hc) = haut centre, (hd) = haut droite, (bg) = bas gauche, (bc) = bas centre, (bd) = bas droite.

1: Chris Cole/Iconica/Getty (g), Eileen Bach/Riser/Getty (c), Michael Touraine/Jupiter Images (d); **2:** Justin Pumfrey/Iconica/Getty **3:** Bruce Laurance/Taxi/Getty (h), VEER Florian Franke/Photonica/Getty (c), Stuart O'Sullivan/The Image Bank/Getty (b); **5:** Yellow Dog Productions/The Image Bank/Getty; **7:** Bernard van Berg/Iconica/Getty; **8:** Roberto Mettifogo/Photonica/Getty (g), Michel Touraine/Jupiter Images (cg), Photolibrarycom/Photonica/Getty (cd), Manfred Rutz/Photonica/Getty (d); **13:** Ron Chapple/Taxi/Getty; **14:** China Tourism Press/The Image Bank/Getty; **16:** Brian Bailey/Stone/Getty; **22:** VEER John Churchman/Photonica/Getty; **25:** Photolibrarycom/Photonica/Getty; **27:** Tom Stock/The Image Bank/Getty; **29:** Ronald Rammelkamp/FoodPix/Jupiter Images; **33:** Bernard van Berg/Iconica/Getty; **36:** VEER Florian Franke/Photonica/Getty; **42:** Chris Cole/Iconica/Getty; **49:** Nathan Bilow/Allsport Concepts/Getty; **55:** Peter Newton/Stone/Getty; **56:** PunchStock; **59:** Simon Watson/The Image Ban/Getty; **63:** Bill Losh/Taxi/Getty; **65:** Manfred Rutz/Photonica/Getty; **69:** Michael Hemsley; **70:** Michael Touraine/Jupiter Images; **74:** Tom Stock/The Image Bank/Getty; **77:** Ulli Seer/Stone/Getty; **79:** Antonio M Rosario/The Image Bank/Getty; **82:** Eileen Bach/Riser/Getty; **88:** Anne Rippy/Iconica/Getty; **93:** Yukihiro Fukuda/Orion Press/Jupiter Images; **97:** Bernard van Berg/IconicaGetty; **99:** Roberto Mettifogo/Photonica/Getty; **100:** Nathan Billow/Allsport Concepts/Getty; **103:** Bruce Laurance/Taxi/Getty; **109:** Chad Ehlers/Stock Connection/Jupiter Images; **113:** Michael Hemsley; **117:** Yellow Dog Productions/The Image Bank/Getty.

Toutes autres images © Dorling Kindersley.

Pour d'autres informations, visitez le site www.dkimages.com

Remerciements de l'auteur

Ce livre a constitué pour moi une grande expérience et j'ai été émerveillé d'entrer dans les coulisses de la création d'un livre imprimé. Merci à tous ceux de l'équipe éditoriale parmi lesquels Adèle Hayward, Simon Tuite, Fiona Biggs, Tim Jollands et Terry Jeavons. Un grand merci à tous mes professeurs, notamment ceux qui vivent avec moi.

Biographie de l'auteur

Jim Rees est PDG de la société Ripple Leadership Ltd qui se consacre à l'amélioration des potentiels au niveau de l'individu, de l'équipe et de l'entreprise et compte parmi ses clients de nombreuses sociétés européennes du FTSE 100. A l'âge de 16 ans, il est devenu le plus jeune acheteur en commerce équitable en Australie puis a passé 13 ans dans la vente et la gestion commerciale dans le secteur pharmaceutique. Jim combine son rôle de père de six enfants avec ses activités professionnelles mais aussi sportives. Il a participé à de nombreux triathlons IronMan tout autour du globe et tout récemment à la course Race Across America en 2005 en tant que capitaine de l'équipe Team Inspiration. Jim est persuadé que chacun de nous est promis à un grand avenir. En tant qu'auteur, conférencier et coach de performances, il fait tout son possible pour le prouver.

Remerciements de la version française

Merci à l'équipe de Pearson Education France de son soutien constant.
Je dédie cette adaptation à *Patrick "Papatte" Garnier*.